HEYNE <

Markus Krebs

DA KOMM ICH VON WECH

MEIN **RUHRPOTT** –
DIE GEILSTE STADT DER WELT

WILHELM HEYNE VERLAG
MÜNCHEN

Sollte diese Publikation Links auf Webseiten Dritter enthalten, so übernehmen wir für deren Inhalte keine Haftung, da wir uns diese nicht zu eigen machen, sondern lediglich auf deren Stand zum Zeitpunkt der Erstveröffentlichung verweisen.

MIX
Papier | Fördert gute Waldnutzung
FSC® C014496

Penguin Random House Verlagsgruppe FSC® N001967

Originalausgabe 11/2022

in der Penguin Random House Verlagsgruppe GmbH,
Neumarkter Straße 28, 81673 München
Textmitarbeit: Christoph Dörr
Vermittlung und Lektorat: Isabella Kortz mit
Unterstützung von Leonie Adam (Wortware)
Umschlaggestaltung: Sania Haschemi – Pageturner Production GmbH
unter Verwendung eines Fotos von © Manuel Dorn
Fotos im Innenteil: © Jacqueline Wiss
Rezepte: © Doris Krebs
Satz: Satzwerk Huber, Germering
Druck: GGP Media GmbH, Pößneck
Printed in Germany
ISBN: 978-3-453-60616-6

www.heyne.de

INHALTSVERZEICHNIS

VORWORT

Die Scheinwerferkegel flitzen durch die Oberhausener Arena.

Ich stehe am Mikro vor über 7.000 Leuten.

Sie lachen laut und herzhaft, obwohl ich noch nichts gesagt habe.

Sie klatschen, sie feiern. Gänsehaut. Das ist schon verrückt.

Und das alles nach dieser fürchterlich anstrengenden Corona-Zeit.

Ein Kollege hat zu mir gesagt, den nächsten Lockdown mache er gar nicht erst mit. Nee, da bleibe er lieber zu Hause.

Obwohl ich manchmal auch gedacht habe, die Maske sei bei manchen nicht ganz verkehrt.

Aber es ist auch verrückt, wie das alles so gekommen ist. Mit mir.

Und mit meinem Ruhrgebiet. In dem nicht alles Comedy ist.

Je weiter weg vom Revier ich einen Auftritt habe und erzähle, dass ich aus Duisburg bin, desto mehr geht erst mal ein Raunen durch das Publikum. Bewaffnet oder gefährdet.

Für alle, denen der Pott eine ferne Galaxie ist, habe ich dieses Buch geschrieben. Natürlich auch, um Vorurteile auszuräumen.

Und für alle, denen es wie für mich der Heimatplanet ist: Ihr werdet sehr viel wiedererkennen.

Es ist ein Reiseführer durch ebendiese unsere, meine Heimat, das Ruhrgebiet. Es ist aber auch eine Bedienungsanleitung, ja eigentlich ein Handbuch unter dem Motto: »Gib mich ma der Brockhaus vom Pott«. Hier sind sie, die ganzen schrägen Geschichten, die ich selber, da Ruhrpottler, nie schräg gesehen habe. Außer man hatte einen im Klotschen. Geschichten, die ich erleben durfte, teilweise musste oder genauso wollte. Sie sind sehr wahr, witzig, und oft habe ich beim Schreiben gedacht: Boah, echt? War dat so? Jo, dat war so. Ein paar Überraschungen sind auch dabei.

Ich erzähle euch, wie wir die Wikinger abgewehrt haben – und ich war noch nicht mal dabei –, wo es die leckerste Currywurst gibt, warum Leonardo DiCaprio beim Breakdance im Oer-Erkenschwicker Stadtpark den zweiten Platz gemacht hat – und, und, und …

Rheinwiese Duisburg-Marxloh © Udo Thies

Meine Reise durchs Revier dauert schon 51 Jahre. Bei Erscheinung bereits 52. Geboren bin ich am 26. Juli 1970. Nur, falls ihr mir was schenken wollt. Da kriege ich den Duisburger einfach nicht raus. Aber wie Tana Schanzara im Film *Club Las Piranhas* gesagt hat: »Nich, dat ihr mir wat mitbringt. Höchstens wat Kleines.« Bei manchen Sachen bin ich noch gar nicht angekommen, andere habe ich schon hundertmal erlebt. Auf jeden Fall gefühlte hundert Male. Wie Abstiege meines Lieblingsvereins MSV Duisburg. Ich bin aus tiefstem Herzen weißblaublütiger Duisburger. Nur habe ich früher aus der Nordkurve heraus die Vereinsführung beschimpft. Heutzutage telefoniere ich mit denen immer wieder gerne. Das ist ein Wandel, der mit dem Wandel im Ruhrgebiet durchaus vergleichbar ist. Und das zeigt mir, wie nah dran ich an meiner Stadt bin. Sie ist nicht grau. Sie ist nicht trist. Sie ist bunt und geil. Natur, Dialekt, Schimmi, Kultur, Zoo, Uni, Kneipen usw. – alles da. Man muss nur vorbeikommen und sich dat ma ankieke. Dat lohnt sich. Duisburg ist kein Kurort. Bad Duisburg klingt auch panne. Aber ich fühle mich in meiner Stadt und im ganzen Pott saumäßig wohl.

Wenn ich über das Ruhrgebiet schreibe, dann ist es eigentlich auch eine Autobiografie. Dadurch schreibe ich sehr duisburglastig. Da bin ich geboren und aufgewachsen. Aber kennze eine Stadt im Pott, kennze alle. Darüber nochmal nachzudenken und das aufzuschreiben ist für mich sehr spannend, ja sogar emotional.

(Hier müsst ihr euch ein Emoji mit einem Freudentränchen vorstellen.) 😂

Denn es sind so viele schöne Erinnerungen. Natürlich auch einige nicht so schöne. Aber da ist das Ruhrgebiet nicht exklusiv. Das ist auf der ganzen Welt gleich. Doch jetzt bemerke ich selbst erst mal, was sich alles verändert hat. Wie oft haben meine Großeltern oder Eltern erzählt: Da war mal ein Kino drin, das war früher ein Tante-Emma-Laden, und hier sind wir immer hingegangen zum Schwofen. Heißt, sich taktlos zur Musik bewegen.

Übrigens laber ich heute ganz genauso.

Die Orte und wir Menschen im Ruhrgebiet tragen das Herz auf der Zunge. Was sich anatomisch seltsam anhört, bedeutet aber überregional immer dasselbe. Wir sind wirklich offen, ehrlich und direkt. Wat nicht immer gut ist. Dat kann auch mal zu Unruhen führen. Denn unsere Macken haben wir natürlich auch. Könnte jetzt nicht direkt eine nennen. Vielleicht haben wir ein Problem, Macken zuzugeben. Aber während dieser kleinen Reise, dieser Liebeserklärung an mein Revier, werde ich vielleicht welche finden.

Über fünf Millionen Einwohner sind wir. In einem Ballungsraum, 53 Städte dicht an dicht.

Das sind knapp eine Million Menschen mehr, als im Großraum Los Angeles wohnen. So richtig unterscheiden kann man sie eigentlich nur über die Fußballvereine und die Bierbrauereien.

Wir haben hier vieles in der Hand, aber nicht alles im Griff. Und das macht uns zu Ruhrpottlern. So viel ich auch auf Tour bin, ich komme immer wieder gerne zurück.

Meinen Eltern bin ich so dankbar für eine wunderschöne Kindheit. Sie haben mir beigebracht, was wichtig ist. Aber was ist wichtig? Ein guter Mensch zu sein. Erfolg zu haben. Leistungen zu vollbringen. Gesundheit – natürlich. Oder einfach nur jeden Morgen aufstehen und malochen gehen, damit wat zum Essen aufm Tisch ist. Was wichtig ist, findet jede:r für sich heraus.

Vielleicht kann dieses Buch auch bei dieser Suche helfen.

Ich habe das Glück, dass ich den schönsten Beruf habe, den ich mir jemals vorstellen konnte.

Eine große Fresse hatte ich schon von klein auf – ich gehöre wohl schon immer ins Rampenlicht.

Meine Tante Trude aus Düsseldorf schickte beispielsweise mein Babyfoto damals zum Düsseldorfer Express, und schon war ich »Baby der Woche«. Der Anfang war gemacht.

Viel Spaß und gute Unterhaltung.

Euer Markus

KAPITEL 1:

Weihnachten bei Familie Krebs

Ich habe nie einen Ball gefangen. Damit meine ich nicht meine kurze Zeit als Torwart bei DJK Adler Duisburg. Obwohl ich glaube, auch da keinen gefangen zu haben.

Nee, da war ich bei der DJK auf dem Felde als 10er besser aufgehoben.

Hätte mich als Torwart auch viel mehr bewegen müssen.

Was ich damit meine, ist die Delfin-Show, am Vormittag des 24. Dezember.

In welchem Jahr? In jedem Jahr, meiner frühen Kindheit.

Meine Mutter schickte uns, also meinen älteren Bruder Michael, meinen Vater und mich, in den Duisburger Zoo, damit sie alles für den Heiligen Abend vorbereiten konnte.

Den Baum oder die Krippe, die mein Vater selbst gebaut hat, mit einem kleinen Lämpchen und rotem Pergamentpapier als Feuerstelle, haben wir natürlich mitgestalten können.

Ich wollte zwar immer einen Konföderierten Soldaten von Playmobil als Wache vor der Scheune platzieren und habe dies auch jedes Jahr versucht, aber in diesem Fall wurde ich im mer mit 3:1 überstimmt. Nicht mal mein Zebra durfte ich in die Krippe stellen. Da war die Abstimmung aber knapper. Eine

Nein-Stimme, meine Ja-Stimme und zwei Enthaltungen. Und das von zwei MSV-Fans. Unglaublich. Und bei Unentschieden hatte meine Mutter immer doppeltes Stimmrecht. Na ja, die Geschenke haben alles wiedergutgemacht. Aber wir waren ja vormittags, wie gesagt, erst einmal im Zoo. Zum Abschluss der Delfin-Show schossen die Delfine mit ihren Hinterflossen Bälle ins Publikum, von dem die meisten eigentlich nur für diese Aktion gekommen sind.

Das ist wie diese sogenannten Fans, die nur einmal im Jahr kommen, wenn es gegen Bayern geht.

Die waren aber schon lange nicht mehr da. Shit. Na ja, vielleicht in zwei Jahren. Aber wer glaubt schon, dass Bayern zweimal absteigt.

Im Zoo Duisburg. © Archiv Markus Krebs

Zurück zum Zoo.

Auf den Bällen, die die Delfine ins Publikum schossen, standen Gewinnzahlen. Die Artikel, die man da gewinnen konnte, waren im Eingangsbereich bereits ausgestellt. Waren ein paar Schnapper dabei. Damals hat sich der Zoo nicht lumpen lassen und hat sehr viel, äh, Sponsoren gefunden.

Völlig zu Recht. Natürlich nur etwas für die jüngere Generation. Lego, Playmobil, einen Atari 2600 mit PacMan usw. So wurden die circa zwanzig Bälle mit einem ordentlichen Wumms von den Tümmlern auf die Ränge gepfeffert. Ein Ball kam mal relativ in meine Nähe, doch im Endeffekt war ich schon froh, dass ich nie einen gefangen habe. Anstatt die Kinder die Bälle fangen zu lassen oder wenigstens darauf aufzupassen, dass die Blagen nicht den Ball vorn Kopp kriegen, sodass sie taumelnd, dann rollend die betonierte Treppe hinunter und dann ins Becken plumpsten, sah man erwachsene Männer, mit dem Blick von Jack Nicholson in *Shining*, auf die Bälle zustürmen und dabei alles zur Seite schubsen, was sie hätte stoppen können. Nicht selten fiel der Satz:

»Dat is meiner, den hab' ich zuerst gesehen!«

Für mich damals schon eine schwer zu beweisende Behauptung, die vor keinem Gericht standgehalten hätte. Da lagen erwachsene Männer am Boden, einen Ball festhaltend, und schrien Beleidigungen und Flüche in die Richtung der Mit-Wrestler, die ich bis dahin noch nicht kannte.

Konnte diese in der Schule dann wiederum gut gebrauchen. Sicherheitskräfte mussten immer wieder einschreiten, und mein Vater brachte uns dann durch die Tumulte ins Freie und schüttelte nur grinsend den Kopf.

Es war ja noch vormittags. Die stille Heilige Nacht kam ja erst noch.

Ich habe 17 Jahre später bei der Eröffnung eines Baumarkts Gummi-Bälle vom Dach aus in die Massen geschossen und hatte ein Déjà-vu. Denn dieselben Szenen wie damals im Zoo wurden hier nachgespielt. Sogar übertroffen. Gelbe Gummibälle mit dem Emblem des Baumarkts und zwei Mannschaftswagen der Polizei deshalb im Einsatz. Ich weiß nicht, ob so etwas in anderen Regionen auch passiert.

In Baden-Württemberg würde man die Bälle im Zoo vielleicht nicht fangen, weil in die Spielzeuge ja noch Batterien eingefügt werden müssen. »Dasch isch ja viel zu teuer.«

In Hamburg bliebe man sitzen mit den Worten: »Das habe ich doch schon alles zu Hause.« In Berlin hätte man die Bälle zurückgeschmissen und in Bayern mich angezeigt, weil ich Bälle auf die schmeiße.

Aber es war ja Weihnachten, immer eine sehr schöne Zeit als Kind, und ich konnte die Bescherung kaum abwarten. Ich wusste ja, da kommt gleich was, was du gebrauchen kannst. Ich wusste nicht was, aber da kommt was. Hoffentlich nichts zum Anziehen. Ich weiß, das klingt undankbar, aber: Würgen und Erbrechen. Ich habe immer gedacht: »Was habe ich getan?«, wenn ich einen Pullover oder, noch schlimmer, einen Pullunder geschenkt bekam. Und den kann wirklich nur Olaf Schubert tragen.

Wie damals üblich, ging es vorher noch in die Kirche. Bei mir war es St. Gabriel in Duisburg-Neudorf. Ich wurde dort getauft, kommuniert, gefirmt und habe da auch geheiratet.

Geboren bin ich im selben Stadtteil – an der Stelle befindet sich heute die Universität. Sie gehört zu den zehn größten Universitäten Deutschlands – mit an die 50.000 Studenten aus knapp 150 Nationen.

Ist noch nicht nach mir benannt, kann aber nicht mehr lange dauern. Wenn ich an der Uni vorbeifahre, denke ich aber gar nicht an meine Geburt, sondern daran, dass ein Kollege von mir mal gesagt hat, dass sein Bruder zur Uni gehe. Der decke da das Dach.

Einer der ersten Witze, die ich je gehört habe. Mit dem typischen Ruhrpott-Charme, den ich so liebe. Einfach durch die Hose geatmet.

Von uns geht keiner zur Uni, außer er muss da was reparieren.

Oder holt sich im Winter einen heißen Kakao. So. Im Ruhrgebiet wurde halt nur malocht.

Geschieden habe ich mich dann übrigens in der Innenstadt.

Auch nicht weit. Von Neudorf durch den Hauptbahnhof und schon bist du in der City.

Heiligabend war die Kirche immer überfüllt, und ich werde den Tag nie vergessen, an dem der Organist etwas zu viel getrunken hatte und Schlager spielte. Endlich Stimmung! Danach ging es über den kleinen Gabrielplatz, auf dem mein Vater sich schon als Jugendlicher mit seinen Freunden aufgehalten hatte, rüber zu Tante Lippit. Der Kosename für Lisbeth. Das ist wiederum ein Kosename für Elisabeth. Es kam dort – in einem kleinen, heute würde man sagen: typischen Vintage-Zimmer – zur ersten und ebenfalls genauso kleinen Bescherung.

Mit dabei war auch die Familie des Bruders meines Vaters, also mein Oheim, Onkel Franz-Josef, mit Tante Alma und meinen Cousinen Monika und Petra sowie Cousin Thomas, dem dieses Haus inzwischen gehört. Es bleibt also alles in der Familie und unter Kontrolle.

Man bleibt halt da, von wo man wechkommt.

So muss dat sein.

Es wurde wie immer gesungen, und dann gab es die ersten Geschenke. Danach ab nach Hause, zu unserer und der durchaus interessanteren Bescherung, denn jetzt ging's ans Eingemachte.

Kurz Oma Gustel abgeholt, die nur ein paar Meter weiter wohnte, und dann wuchs die Spannung.

Wir mussten erst mal in unserem Zimmer warten, bis dann die Glocke (das Glöckchen, aber emotional sehr viel größer) geläutet wurde und wir ins Wohnzimmer durften. Man bestaunte den Baum, obwohl man ihn ja mitgeschmückt hatte, und dann wurde wieder gesungen. Kein Scheiß: Das machen wir heute noch genauso.

Es war immer Weltklasse, und man hatte noch ein Gefühl für Weihnachten.

Der einzige Stress, den ich jedes Jahr hatte: am letzten Tag schnell noch Geschenke kaufen.

Mach ich heute auch noch so. Damals habe ich mir einen kleinen Taschengeldvorschuss bei Oma Gustel geholt und ab zur Kaufhalle. Jetzt ist da ein Fitnessstudio drin.

Ich kaufe doch meinen Eltern keine Hanteln.

Na ja. Bescherung. Da habe ich übrigens meinen Atari 2600 bekommen.

Habe immer noch einen. Kult. Und ich verstehe die Spiele.

Am ersten Feiertag trafen wir uns dann wieder alle bei meiner Oma väterlicherseits. Bei Oma Leni.

Wenn man sich fragt, warum ich nur über die Omis schreibe: Die Opis habe ich nie bewusst kennengelernt. Das ist sehr, sehr schade, denn beide hatten wohl einen super Humor und konnten sich, genau wie ich, über Witze richtig beömmeln. Humor liegt also in der Familie.

Nun kam es zur dritten Bescherung. Das dritte Mal singen. Heute wäre ich nach dem ersten Mal schon heiser.

Ich rufe heutzutage im Stadion zweimal: »Schiri, dat war 'ne Ecke!«, da bin ich schon heiser.

Nicht gut für jemanden, der die Stimme auf der Bühne braucht.

Aber ein Köpi und dann geht dat wieder.

Gemütlich ging es dann gegen Nachmittag nach Hause, wo man dann endlich voller Freude alles ausprobieren, bespielen und entdecken konnte, was man am Heiligabend geschenkt bekommen hat. Man konnte natürlich auch Kritik äußern, wenn eins der Geschenke nicht richtig war. Dies wurde aber meistens geschickt überhört. Oder mit »Nächstes Jahr« beantwortet. Am zweiten Feiertag kamen dann meine Tante Gerda, Tante Änne und Tante Lisbeth, bei der wir ja Heiligabend waren. Es wurden nochmal Geschenke überreicht, auf die ich mich jedes Mal besonders freute, denn es war immer Geld.

Dafür wurde aber auch nicht gesungen. »Boah, Doris« (meine Mudda), war jedes Jahr der gleiche Satz meiner Tante Gerta, »wat hast du wieder für ein schön Bäumken. Und die Krippe, ist die neu?«

»Nein, hat der Pimok (Spitzname meines Vadders Peter) vor drei Jahren gemacht.«

Tante Gerta daraufhin: »Echt? So wat musse mir auch ma machen.«

Vadder: »Aba sicha. Krisse.«

Mein Vater versprach den Tanten, sie abends nach Hause zu fahren, aber es wurden wie immer Witze erzählt, an denen ich mit großer Freude teilnahm, und alte Geschichten, die man zwar kannte, bei denen man aber immer wieder aufs Neue erstaunt tat. Dann wurde es halt so gemütlich, dass bei meinem Vadder der Durst dazukam. Mit Trockenheit im Mund ist nicht gut labern.

Und da man mir als Achtjährigem nicht zutraute, die Tanten rumzufahren, wurde wie immer ein Taxi bestellt. Schönes bleibt, und ich glaube, Weihnachten läuft fast überall in Deutschland gleich ab. Besonders, wenn man eine so große Familie hat wie wir. Davon leben auch viele in Kanada. Geiles Land und einer der wenigen Gründe, warum ich das Internet benutze. Ansonsten bin ich froh, wenn ich mit'm Internet nichts zu tun haben muss.

Und je älter man wird, desto eher will man auch mit Weihnachten nicht so viel zu tun haben. Volker Pispers hat mal gesagt, er glaube, dass nur in Deutschland die Frage »Na, die Feiertage gut überstanden?« gestellt werde.

Und da hat er recht.

Aber schön ist Weihnachten immer noch.

Meine Schwägerin Moni und mein kleiner Bruder Chrille (Spitzname für Christian) sind vor knapp einem Jahr Eltern geworden. Die kleine Milla. Habt ihr gut hingekriegt.

Und wenn Weihnachten Kinder dabei sind, ist es doch wieder wie früher.

Apropos Chrille …

KAPITEL 2:

FC Bayern-Trikot und andere Modesünden im Urlaub

Mein Vater wollte immer inne Nähe Urlaub machen. Das war so sicher wie Nackenschmerzen nach einem Iron-Maiden-Konzert.

»Wenn wat is, sind wa schnell zu Hause.«

Dat sind und waren immer seine Worte.

Also sind wir regelmäßig ins schöne Heisebeck, das liegt bei Göttingen (und auch da lebt Familie von uns), in die Rhön oder an die Nordseeküste gefahren. Alles schnell erreichbar.

Chiemsee war auch mal drin.

Wo ist eine Baustelle, wo sind Tankstellen und hundertprozentig: Wir fahren nachts. Alles frei und auf geht's.

Kannze ja, darfße ja. Kein Tempolimit.

Warum kauft man ein Auto, das 250 km/h fährt, und du darfst es nicht? Schwachsinn. Bei uns darfße.

Gruß nach Berlin: Bleib wech vom Tempolimit!

Wir wollen Auto fahren und nicht tuckern.

Sorry, hab mich gehen lassen.

Zurück zum Urlaub.

Ich bekam ein Kissen ins Auto, und wenn wir angekommen sind, war ich topfit.

Mache ich übrigens heute noch genauso. Ob im Auto oder Flugzeug: Weckt mich, wenn wir da sind.

Ich kriege meistens nur Start und Landung mit. Habe von Toronto bis Frankfurt mal durchgeschlafen. Ich habe mir wirklich überlegt, mir eine CD mit Turbinengeräuschen zu kaufen. Völlig entspannt.

Bis auf Kanada war es immer in Deutschland. Mit 20 Jahren habe ich dann Urlaub auf Ibiza gemacht. Meine Ex-Freundin Migge hatte mich gefragt, ob ich Bock hätte, dahin zu fliegen.

Ja sicha. Und ab dafür.

Ibiza ist bis heute meine Lieblingsinsel geblieben.

Habe seitdem viel Zeit dort verbracht, und wer weiß: Vielleicht reicht es ja in ein paar Jahren mal für eine schöne kleine Finca?

Nur weiß ich: Auch dort werde ich meine Heimatstadt Duisburg vermissen, und solange es in Duisburg keine Fincas gibt, wird es dann wohl ein dauerndes Hin und Her. Ich bin tatsächlich stolz, Duisburger zu sein. Und nein, in meiner Kindheit stand mein Kettcar nicht auf vier Steinen. Duisburg ist so geil, wo kann man mit seinem Oberbürgermeister, dem Sören, an der Theke sitzen und ein Bierchen schnappen.

Oberbürgermeister Sören Link und – na, ratet mal? © Archiv Markus Krebs

Da weiß ich: Ich bin unter normalen Menschen.

Sören hat eh den beschissensten Job auf diesem Planeten. Er hat keine Gelder, und dann gibt er sie auch noch nicht mal aus. Aber ein Köpi hat er mir mal ausgegeben. Aufm Stadtfest. Da hatten wir eh alles umsonst. Nett war's trotzdem.

Aber wir sind ja beim Thema Urlaub, der schönsten Zeit im Jahr. Egal, wo ich bin: Ich erkenne einen Deutschen aus kilometerweiter Entfernung. Es ist meistens so ein leicht gestresster Gesichtsausdruck.

Man sieht im Urlaub auch ganz genau, wer aus dem Ruhrgebiet kommt. Marken-T-Shirt vor Ort gekauft und direkt angezogen. Sandalen an und eine Freundin anne Hand, die das gleiche

T-Shirt trägt. Partnerlook. Widerlich. Peinlich. Ich kriege einen Würgereiz, wenn ich sandalierte Männer sehe. Die Sandale des Mannes ist der Dutt der Frau. Wenn ich schon höre: »Es gibt auch sportliche Sandalen!« NEEEEEEIN. Gibt es nicht. Sportliche Sandalen heißen Adiletten.

Und die sind völlig akzeptabel. Und dann gehen die in jeden Laden, die original das Gleiche verkaufen wie der Laden nebenan.

»Guck mal, wie findest du das Kleid?«

»Klasse, kauf das!«

»Das sagst du nur, weil du schnell hier rauswillst.«

»Dann kauf es nicht.«

»Wieso, bin ich zu dick dafür?«

»Nein. Also möchtest du jetzt das Kleid?«

»Nein, jetzt nicht mehr.«

Und sie wird ihn beim Abendessen noch mal darauf ansprechen.

»Dann kaufen wir das morgen.«

»Wehe, das ist dann vergriffen.«

Man sieht im Urlaub auch immer sofort, welche Kinder aus Deutschland kommen.

Die haben einen schlechten Haarschnitt, und wenn sie hinfallen, selbst in den Sand, wird sofort geheult und geschrien. Dann gibt es natürlich aber auch die, die gepflegter sind und sich über »Familie Fick« lustig machen. Man muss einfach nur beobachten und mitschreiben, und man hat ein neues Programm. Vor ein paar Jahren saß ich mit meiner Freundin Jacky mal in Cala Ratjada in einem Café. Etwa drei Meter weiter fiel ein Kind hin, stand auf und heulte nicht.

Ich sagte: »Das ist nie im Leben ein deutsches Kind.«

Doch wer kam angerannt und schaute beim Kind, ob alles in Ordnung sei? Carina und Dieter Bohlen.

Gut für den Strand ist: Die Tattoos werden besser.

Da ist fast keiner mehr bei, der sich »I Love Uschi« oder einen Hügel mit einem Kreuz selber mit Tinte und Nähnadel eingestochen hat. Die jetzigen Tattoos sind sehr schön, interessant oder so gut gestochen, dass man denken könnte, das wäre ein T-Shirt. Gut, im Ruhrgebiet haben auch noch viele ihre ersten Versuche, aber die gibt es auch im Frankfurter Bahnhofsviertel, auf der Reeperbahn oder am Kotti in Berlin. Wo der Ruhrgebietler einfach nicht von wechkommt, das ist die Trainingshose. Aber in allen Ausführungen. Gehst du zur Bude oder Tanke, dann reicht Schlabberlook. Am besten noch Clogs anne Mauken. Trägst du Sandalen oder Clogs, hast du aufgegeben. Ich würde mir mal gerne die Highlights dieser Outfit-Träger raussuchen und damit einen Kalender machen. Für Leute, die denken, ihr Leben wäre schlecht. Und dann guckst du auf den Kalender. Lachst und denkst dir: *Guck ma, gibt Schlimmeres.* Outfit of Hell. Der Kalender wäre in Rekordzeit vergriffen. Und wo haben die den Kalender dann gekauft? Anne Bude oder Tanke.

Ich schweife ab.

Ist halt lange her, und heute trägt fast niemand mehr so etwas.

DOOOOOOOOCH. Die hören nicht auf.

Überall Sandalen, Clogs, Trainingsanzüge aus Ballonseide, damit man nicht sieht, dass die nicht trainieren. Aber, naja, wer's tragen kann. Bitte.

Pfui Deibel.

Meine Mutter sagte immer: »Lass dir doch mal die Haare schneiden.« Zum Glück gehören die langen und immer schütterer werdenden Haare aber zur Bühnenfigur. Seitdem habe ich Ruhe.

Cindy aus Marzahn hat zu Anfang gedacht, die Haare wären an der Mütze angenäht.

»Nein«, habe ich gesagt, »aber ein guter Tipp für später, wenn die Geheimratsecken bis zum Nacken gehen.«

Ich bin in die Wechselhaare gekommen.

Die gehen auf dem Kopf weg und kommen an Stellen wieder, da willst du sie nicht haben.

Das gibt es auch keinen Rasierer für. Also offiziell.

»Gilette Rücken« gibt es nicht.

Oder »Wilkinson Nuss«.

Man wird halt nicht jünger.

Probiere aber immer noch, meinen modischen Standard der Achtzigerjahre aufrechtzuerhalten.

Na ja, war auch nicht alles schön.

Eine Modesünde der ganz anderen Art habe ich 1995 im Türkeiurlaub erlebt.

Wir waren mit Familie an der Bucht von Antalya in Belek. Mein kleiner Bruder Chrille war sechs Jahre alt. Er hatte einen schweren Job. Da man keine Getränke von draußen ins Hotel mitnehmen durfte und auch gerne mal von der Security in die Tasche geschaut wurde, musste er das gute Efes-Bier mit dem Rucksack reinschmuggeln, da er ja nicht kontrolliert wurde.

Er machte es perfekt und in einer Geschwindigkeit, dass das Bier sogar noch kalt war.

Şerefe (= türkisch für Prost)!

Eines Tages fuhren wir nach Manavgat. Ein großer, sehr schöner Markt, auf dem für jeden etwas dabei war. Ich musste zwar vier- bis fünfmal auf die Toilette, das lag aber daran, dass man an jedem Stand einen Apfeltee bekommen hat, den man natürlich nicht abgelehnt hat.

Wenn ich einen ausgebe, soll auch jeder mittrinken. Meine Mutter ging mit meinem kleinen Bruder zu irgendeinem Stand, und dann passierte es. Chrille hatte sich ein FC-Bayern-München-Trikot gekauft. Und meine Mutter, Teil dieses Komplotts, hatte das Trikot bezahlt. Mein Vater wollte bereits einschreiten, aber ich sagte, das machen wir in Ruhe, gleich im Hotel.

Im Hotel angekommen, nahmen wir ihn beiseite und sagten in ruhigem Ton, dass wir besorgt seien.

»Wieso?«, fragte Chrille. Ich sagte: »Chrille« (längere Pause), »das Trikot mag im ersten Moment für dich schön rüberkommen. Und die Mannschaft ist bestimmt auch nicht ganz unerfolgreich. Aber du bist Duisburger. Du kommst aus Duisburg.«

»Und welcher Verein spielt dort?«, fragte mein Vater.

»Der MSV.« Richtig.

»Darum«, sprach ich wieder: »Hier meine Worte für dich, fürs Leben. Als Duisburger gibt es neben der Nationalmannschaft und DJK Adler Duisburg [ein Verein, in dem die ganze Familie spielte, wobei meine Mutter nur an Motto- oder Freundschaftsspielen teilnahm] nur den MSV Duisburg.«

Mein Verein, der MSV und sein Logo. © Udo Thies

Ich korrigierte noch kurz, dass er durchaus zu Eintracht Frankfurt Sympathien haben dürfe, ja sogar müsse, da es ein geiler Verein sei und die Fans eine jahrelange Fan-Freundschaft pflegten.

»Bayern München trägt man nur, wenn man es sich im Leben leichter machen will. Wenn man nicht gut verlieren kann. Aber bei uns wird malocht. Mal verliert man, mal gewinnen die anderen. Aber man bleibt immer MSV-Fan.«

Er nickte, zog das Trikot aus, und er durfte sich an diesem Abend zwei Eis als Nachspeise vom Buffet holen. Hatte sich also für ihn gelohnt. Und für den Sohn der Putzfrau, der im selben Alter wie Chrille war und dem er das Trikot dann weiterreichte. Das sind die kleinen Lehren, die uns das Leben diktiert. Super gemeistert, Chrille.

Es war auch tatsächlich so, dass von klein auf der MSV mein Leben mitbestimmte. In den Achtzigern bis Anfang der Neunziger gab es unter meinen Freunden keinen Schalker oder Dortmunder. Das hat sich über die Jahre zum Glück verändert. Ich mag es, wenn man sich über Fussball entspannt unterhält. Heute kenne ich viele Duisburger, die Schalke- oder Bayern-Fans sind. Man hat auch in jeder Stadt Anlaufpunkte, Kneipen usw., wo ich immer wieder gerne einkehre.

Freu mich sogar für *Rot-Weiß Essen*, dass sie aufgestiegen sind. Fahre oft nach Essen, weil die geile Läden haben, wie zum Beispiel das Café Nord, wo ich weiß, da wird meine Mucke gespielt.

Oder der Engel in der Düsseldorfer Altstadt. Da wird sich nicht großartig über Fußball unterhalten. Da läuft Hard Rock, Heavy Metal, bitzgen Punk. Alles, was ich gerne höre.

Wenn sich Chrille heute ein Bayern-Trikot kaufen würde: alles klar. Selbst ich freue mich, da ich ein enthusiastischer Sammler dieser Kleidungsstücke bin, über jedes neue Trikot, und es ist mir egal, welcher Verein das ist. Natürlich sind meine Highlights weiterhin MSV-Trikots, auch wenn es zurzeit nicht gut läuft, wir in der dritten Liga immer wieder gegen den Abstieg spielen und ich sehr gerne an die Zeiten denke, als das Stadion rappelvoll war und wir mal wieder richtig jubeln konnten, werde ich immer MSV-Fan sein und an bessere Zeiten glauben.

Das Stadion des MSV-Duisburg – die Schauinsland-Reisen-Arena. © Udo Thies

Mein erstes Spiel, das ich live im Stadion gesehen habe: im Oktober 1975 ein 1:1 gegen den VFL Bochum. Ich fand es viel interessanter, mit anderen Kindern und einem Becher unten am Zaun Fußball zu spielen. Wenn ein Tor fällt, bekommen wir das schon mit. Hab auch gerne mal auf der Treppe ein kleines Nickerchen gehalten. Das haben auch andere gemacht, da gab es keine Altersgrenze.Die Gründe waren jedoch unterschiedlich. Ein paar Jahre später durfte ich als Kapitän der E-Jugend von DJK Adler Duisburg ein Vorspiel gegen die E-Jugend des MSV machen.

Auch dieses Spiel endete 1:1. Verrückt.

Nach dem Spiel kam das Hauptspiel. Damals natürlich noch Bundesliga. MSV gegen 1860 München.

Heute sind beide Vereine immer noch in derselben Liga. Auch verrückt.

Jupp Kappelmann kam mit seinen Löwen, der Mannschaft von 1860, an meiner Mannschaft und mir vorbei, aber dem sollte und wollte ich nicht sagen: »Viel Glück.«

Nein, wir sollten und wollten unseren Zebras dieses Glück wünschen, – so standen wir alle Mann aufgeregt und erwartungsvoll Spalier. Ganz vorne positionierte sich unser aller Idol Bernhard, auch genannt Ennatz Dietz und als solcher beliebt und bekannt.

Kapitän der Europameistermannschaft von 1980 und unser wichtigster Spieler.

Ich ging also als Kapitän auf ihn zu und sagte: »Wir wünschen Ihnen und Ihrer Mannschaft viel Glück.«

Ich wollte ihm die Hand geben, er tat dasselbe, aber ich fasste ins Leere. Was ich nicht wusste war, dass Ennatz bei einem beruflichen Unfall Mittel- und Ringfinger verloren hatte und ich noch so kleine Hände hatte, dass ich durchgriff.

Nach einem kurzen Erschrecken lächelte er, haute mir leicht auf die Schulter und sagte:

»Alles gut!«, und: »Wir gewinnen heute auch dank euch.«

Gesagt, getan – 1:0-Sieg und einer der schönsten Tage in meinem Leben.

Heute habe ich die Ehre, Ennatz einen Freund zu nennen, und wir freuen uns immer wieder, wenn seine Frau, Ennatz, Jacky und ich uns sehen. Die beiden kommen oft zu meinen Auftritten, und ich habe sogar bei seiner filmischen Autobiografie mitmachen dürfen. Noch heute vielen Dank dafür.

Solche Leute wie er oder der leider verstorbene Michael Tönnies prägten diesen Verein. Die Liste wäre lang, wenn man alle erwähnen würde. Freu mich immer, wenn ich noch ein paar alte Haudegen aus der guten alten Zeit im Stadion sehe wie Herbert Büssers oder auch Michael Bella.

Wie gesagt, die Liste wäre sehr lang und sorry für alle nicht Erwähnten. Für euch bringe ich ein Sonderheft raus. Natürlich haben wir viel mitgemacht, aber vielleicht beschreibt diese kleine Geschichte, die eigentlich mal für mein Bühnenprogramm gedacht war, wie sehr man mit einem Verein mitfiebern kann. Und so kommen wir zum nächsten Kapitel.

KAPITEL 3:

Mein MSV, mein Verein, mein Schicksal, meine Liebe - meine Fresse

Es war die Zeit, in der ich noch in einer WG gewohnt habe. Das Ganze fing mit den Worten an: »WG heißt Wohngemeinschaft«, bei uns hieß es: »Wir gammeln«. Da hat man sich die Schuhe abgetreten, wenn man rausging. Wir waren die Einzigen, die in der Zoohandlung nach Futter für Silberfischchen gefragt haben. Bei mir ist eine Taube auf dem Fensterbrett gelandet und hat mit ihrem Schnabel »Sau« auf die Scheibe geschrieben. So konnte man sich diese WG schon mal vorstellen.

Alle Mitbewohner waren und sind MSV-Fans. Sonst wäre man auch gar nicht aufgenommen worden. Selbst der Postbote musste »Weiß und Blau« ein Leben lang in die Gegensprechanlage sagen, als Codewort, sonst hätten wir nicht aufgemacht. Waren eh meist nur Briefe von einem gewissen *Inkasso*. Wir kannten ihn nicht. Zum Glück stand manchmal drauf: »Letzte Mahnung«, da wussten wir: Es kommt nichts mehr. Oder wir haben eine Ratenzahlung angeboten. Also die konnten raten, wann wir zahlen.

Wir fuhren mit dem MSV überallhin. Zum Beispiel am 30.11.2001 nach Mainz. Ein Freitag-Spiel. Immer geil. Unser Trainer war damals Pierre Littbarski; ich glaube, der einzige Spieler, den man damals durch die geschlossenen Beine tunneln konnte. Auf Mainzer Seite war ein junger, noch sehr unerfahrener Trainer namens Jürgen Klopp an der Seitenlinie. Der Ablauf eines solchen Auswärtsspiels war immer der gleiche. Da wir keiner geregelten Arbeit hinterherliefen – das lag vielleicht auch daran, dass man sein Passbild auf der Bewerbung nicht malen sollte –, hatten wir auch keinen Wecker. Wofür auch. Ein Wecker wäre viel Verantwortung gewesen. Ist der zu laut, wecke ich vielleicht die anderen. Kann ich den überhaupt bedienen usw. Also blieb einer wach, meistens war es Dirk, um die anderen mit dem Zebratwist um sechs Uhr zu wecken.

Der wurde so laut abgespielt, dass die Nachbarn dachten: »Oh, der MSV spielt!« Am Vortag wurde die Reihenfolge der Dusche aufgeschrieben, wo natürlich auch meine Katzen Muffy und Bernhard mit einbezogen wurden, da im selben Raum das Katzenklo stand. Dann wurden sich die üblichen MSV-Utensilien angezogen. Also: Schal. Trikot war teuer, und Kutte trägt man nicht. War seit den Achtzigern eh aus der Mode gekommen. Dann gab es erst mal Frühstück für Champions.

Erst mal 'ne Dose Köpi. Flaschen wurden zu Hause getrunken, aber Dosen für die Auswärtsfahrt – perfekt. Feste Nahrung gab es nicht, da wie immer keiner einkaufen war beziehungsweise einer die eingekauften Artikel in seinem Zimmer versteckte. Konnte diese aber nichts rausholen, weil alle in der Küche waren und es gesehen und eingefordert hätten. War auch gleichzeitig der Gemeinschaftsraum. Das erste Bier tut ja noch immer ein bisschen weh, aber ab dem zweiten ging es. Jeder noch ein Überlebenspaket geschnürt, also Bier, Talcid und eine leere Tüte, da wir die Dosen mit zurücknehmen wollten. Das Pfand brauchten wir für den Strom. Hat nie geklappt. Dose Bier auf und ab zum Hauptbahnhof, der nicht weit weg war. Wie schon erwähnt – in Neudorf. Also liefen wir dorthin. Alle, die uns sahen, dachten nur: »Oh, guck ma. MSV spielt.«

Am Hauptbahnhof jede Menge MSV-Fans. Viele gute Freunde getroffen, darunter auch meinen besten Freund Osrek, der nicht in der WG wohnen wollte. Er stand auf Sauberkeit. Mit fünf Leuten ein »Ich lerne ganz Deutschland kennen«-Ticket gekauft und los ging's.

Das Ticket war günstig – man musste ein paar Mal umsteigen, aber man hatte mehr Geld für 'n Bierchen. Erster Umstieg: Köln. Hurra, hurra, der MSV ist da.

Die Leute, die uns sahen, dachten aber nur: »Ach guck mal, der MSV spielt.«

Kurz rüber ins »Gaffel«, mit der Frage: »Ist das noch Bier oder nur gelb?«. Auf jeden Fall musste es weg, denn es ist wie Heineken.

Kölsch könnte man direkt auf Toilette trinken, da es so durchläuft.

Wir stellten die Reagenzgläser wieder hin und fuhren weiter.

Nächster Halt: Koblenz. Hurra, hurra, der MSV ist da. Die Leute dachten nur: »Och, guck mal – wer ist das denn?« Sehr schöne Stadt, aber ein hässlicher Bahnhof. Wie so oft.

Dann ging's weiter, und wir kamen endlich in Mainz an. Erst mal in eine Kneipe. Kirner Pils. Jetzt wussten wir, warum wir Talcid dabeihatten. Ab zum damaligen Mainzer Stadion am

Bruchweg. Es hieß zwar so, hatten aber trotzdem Eintritt bezahlt. Die Aussichten waren nicht gut. Mainz war Tabellenführer, und wir spielten völlig überraschend gegen den Abstieg. Ich glaube, ich habe gerade schon wieder ein Déjà-vu.

Manchmal habe ich ein Déjà-vu und Gedächtnislücken gleichzeitig. Da denke ich: Habe ich das nicht schon mal vergessen? Trotzdem war die Stimmung im Duisburger Block sehr positiv.

Die Bratwurst konnte man essen, das ist nicht in jedem Stadion der Fall, und es gab sogar Pfand auffe Pelle. Da wir ja als MSV-Fans einiges gewohnt sind, überraschte uns der Anfang nicht sonderlich. Unser Torwart Stefan Brasas foulte N'Kufo im Strafraum. Elfer.

Der Gefoulte schoss selber, und Stefan Brasas, gefühlte 4,2 Meter groß, brauchte gestoppte 12,3 Sekunden, bis er unten lag. 1:0 für Mainz. Ab zum Bierstand. Dann fing das Gegrummel an.

Grummel, grummel, so steigen wir ab, grummel, grummel Brasas, grummel, grummel, hoffe, die haben genug Bier hier.

Das Spiel war nicht schlecht. Mainz war etwas überlegen, aber es sah so aus, als ob wir hier heute nicht untergehen würden. 45. Minute Patsch. Marius Ebbers schoß das 1:1 kurz vor der Pause.

Viele in unserem Block waren so überrascht, das die Hälfte sich am Bier verschluckte und die andere Hälfte fragte: »Was ist passiert?«

Sauber. Riesen-Stimmung in der Halbzeit-Pause.

Wir sind die Größten. Vielleicht steigen wir ja sogar noch auf.

Sind doch nur 16 oder 17 Punkte nach oben.

Die zweite Halbzeit. Nicht nur die Seiten hatten gewechselt, sondern auch die Spielweise des MSV. Es wurde ein Riesen-Spiel. Es ging hin und her. Man kam nicht mehr zum Bierholen.

Es war so spannend, dass keiner freiwillig zum Bierstand ging. Also sah man viele Fans Schnick-Schnack-Schnuck spielen. Die, die verloren hatten, trafen sich dann am Bierstand und verpassten somit in der 62. Minute das 2:1 für den MSV durch Rafal Grzlak. Von Widzew Lodz ausgeliehen. 15 Spiele mit immerhin vier Toren. Nicht schlecht. Die Kurve hatte sich gerade wieder etwas beruhigt, da foulte der Mainzer Torwart Dimo Wache unseren Angreifer Güvenisik im Strafraum. Ganz klar. Elfmeter und nach der fachlichen Meinung einiger Fans im Block lebenslange Sperre. Ich liebe Fußball-Sachverstand.

Michael »Zico« Zeyer im Nähmaschinen-Anlauf halbhoch unten links rein – Tor. 1:3. Spätestens jetzt kam bei den Leuten am Bierstand, die Schnick-Schnack-Schnuck verloren hatten, ein gewisser Frust auf. Sie verpassten das Spiel des Jahres. Also vom MSV. Die Stimmung war gigantisch. Jetzt geht es Richtung Champions League. Wer sollte uns jetzt noch aufhalten. »Auswärtssieg! Auswärtssieg!«, schallte es durch das Mainzer Stadion. Die Stimmung bei den Mainzern war überschaubar.

Ein wenig lethargisch. Ein bitzgen depressiv.

Meine Fresse, haben wir uns über die lustig gemacht. Was haben wir gelacht. Hohn und Spott. Weltklasse. Der Sieg war uns nicht mehr zu nehmen. Das war den MSV-Spielern scheinbar auch ganz klar, und so schalteten sie einen bis vier Gänge zurück.

Ergo 72. Minute Sandro Schwartz 2:3 und 77. Minute N'Kufo 3:3.

Es kam also wieder so, wie es kommen musste. Darum wird man als MSV-Fan, wenn man eine Lebensversicherung abschließen will, höher eingestuft als Risikopatient. Da kannst du rauchen oder viel trinken, das ist in diesem Fall egal. Aber MSV-Fan sein? Oh-oh-oh.

Pass auf, wird noch besser.

88. Minute: Manuel Friedrich schießt das 4:3 für Mainz.

Jürgen Klopp hätte in diesem Moment jeden Hochsprung-Weltrekord getoppt, aber in unserem Block wurde es ungewöhnlich still.

Dann auch noch die Schmähgesänge der Mainzer Fans. Und das in unsere Richtung. Irgendwie überheblich. Nee, so was macht man nicht. Das ist unsportlich.

Auf Gefühlen anderer Menschen so herumzutreten, das ist nicht okay.

Jetzt musste man Schnick-Schnack-Schnuck darum spielen, wer an den Bierstand darf.

Warum immer wir? Fußball-Gott, sei doch nur einmal auf unserer Seite!

Und in diesem Moment, als das Ende der Welt so nahe war, da kam ein Engel, ach, was sage ich, ein Fußballgott namens Pavel Drsek zu uns und rettete unser Fußballleben.

In der letzten Spielminute schoss er das 4:4. Die Kurve lag übereinander. Das Spiel wurde gar nicht mehr abgepfiffen, und alles schrie »Auswärtssieg! Auswärtssieg!«.

Denn wir wussten, wir haben dieses Spiel soeben 4:4 gewonnen.

Lange wurde im Stadion noch gefeiert, sodass wir den Zug nach Koblenz verpassten.

Irgendwann kamen wir morgens in Duisburg an, und jeder wusste: Beim nächsten Mal sind wir wieder dabei. Weiß und Blau ein Leben lang.

Ich habe immer gesagt: Wäre der Fußball im Revier nicht, wir wären eine Stadt. Man ist in Rekordzeit da, wo man hinwill.

Aber das würden die Fußball-Fans der einzelnen Städte, vielleicht auch zu Recht, nicht akzeptieren. Es gibt so viele Derbys. Die Wege verliefen für alle anders. Schalke, Dortmund und der MSV sind Gründungsmitglieder der Bundesliga. FC Bayern kam zum Beispiel erst ein Jahr später dazu. Genauso, wie manche Zeche schließen musste, so sind auch Vereine untergegangen. Und nicht nur hier im Ruhrgebiet. Wie viele Traditionsvereine sind abgeschmiert! Dafür gibt es heute Vereine wie Hoffenheim oder RB Leipzig, die eine wohl gute Arbeit machen, aber vielleicht auch die richtigen Geldgeber im Hintergrund haben. Die die Zeichen der Zeit erkannt haben, die Jugendarbeit zu forcieren.

Trotz allem sitzt man gerne in der Kneipe zusammen und redet über … »Weiße noch, damals?« Das ist regionunabhängig. Aber Fußball und Pott kannze nicht nicht auseinanderdividieren.

Und wenne mal in dich gehst: Wat willze immer gewinnen? Den Pott.

Merkse wat?

KAPITEL 4:

Grundkurs Ruhrpottdeutsch oder Sachdatnichnomma

Bei diesem Thema, da kribbelt's so richtig. Bedeutet: Da werde ich nervös. Meine Eltern, meine Großeltern usw., die haben noch platt gesprochen. Leider gibbet dat immer weniger.

Als ich jung war, hat man »geil« gesagt. Wir durften nicht »geil« sagen, das war ein Schimpfwort.

Das Wort kam in den Achtzigern auf, aber wir durften es in der Schule nicht in den Mund nehmen.

Mein Lehrer hat gesagt: »Ich will hier ein Wort nicht hören, und das ist ›geil‹.«

Ich fragte dann: »Echt, welches denn?« Natürlich hat jeder »geil« gesagt.

Aber es hieß:

Geil ist nicht schön, sondern ein sexuelles Wort.

Vielleicht kam dadurch auch der Witz:

»Wäre es schön, wenn du geil wärst.«

Und darauf die Antwort: »Es wäre geil, wenn du schön wärst.«

Heute ist alles geil, was schön ist, und umgekehrt.

Wir haben uns in den Achtzigern auch interessant beleidigt. Wenn du ›panne‹ warst, dann sagte man: »Was bist du denn für'n Walter?« Oder mein Vater sagte, wenn er jemand nicht mochte: »Du Freibiergesicht!«

Wir Ruhris beleidigen gut. Ein Klassiker:

»Ich sach nur zwei Körperteile: Hals! Maul!«

Wo wird eigentlich am schönsten beleidigt?

Am härtesten, finde ich, beleidigen die Hessen.

Hamburg lässt sich mehr Zeit beim Beleidigen.

Vielleicht, weil sie erst überlegen, wie sie schimpfen.

Wobei mancher Ärger ja schon verraucht ist, wenn der nicht direkt frei Schnauze rausgehauen wird.

In Deutschland gibt es so viele Dialekte, Sprachvarianten, Mundarten. Und die Berliner Taxifahrer.

Die können es einfach. Manches muss man sich herleiten.

Wenn ein Schwabe sagt: »Betsch isch dir ein, weischt wie isch mein, du Schlumpf«, dann weiß man ungefähr, worum es geht. Aber die haben auch sehr ulkige Ausdrücke für manche Sachen.

Zum Beispiel: »Gibsch mal 'n Meterstab?«

Ich antworte: »Du meinst 'nen Zollstock.«

Oder einer aus Sachsen: »Ich brauch 'nen Auspreiser.«

»Nee, du brauchst 'nen Auszeichner.«

Die haben alle ihre Sprache. Und trotzdem versteht man sie.

Und wenn ich nix verstehe, dann geh' ich einfach. Quatsch, nein. Aber damit dir das nicht so geht, machen wir jetzt 'nen Grundkurs für Ruhrdeutsch. Hefte raus! Denn es gibt ein paar Grundregeln, und wenn du die kennst, kannst du dich besser ins Ruhrgebiet reinhören.

Wir verkürzen und verknappen gerne beim Sprechen. Da kommen dann Sätze raus, die ein Wort sind.

»Sachdatnichnomma.«
»Hassenichgesehen.«
»Kannzema.«

Wir ziehen also mehrere Wörter zusammen, wobei dann neue rauskommen, die so nicht im Duden stehen. Wenn wir uns Mühe geben, sprechen wir nur zwei Wörter zusammen.

»Hömma.«
»Samma.«
»Kumma.«
»Tuma.«

Das ist das Prinzip Zwei-für-eins, dieser Gratisgedanke: Du kriegst zwei Wörter, brauchst aber nur eins zu hören.

»Musse« hat zum Beispiel zwei Bedeutungen. Entweder »Musst du?« oder »Musst du«. Das sieht man in der Situation. Bewegst du dich von einem Bein auf das andere, dann »musse«. Wenn du etwas nicht machen willst, es aber beispielsweise von der Ehefrau befohlen wird, dann »musse« auch. Wie einkaufen oder mal malochen gehen.

Häufig verwendet und daher wichtig: Es heißt nicht »in der« sondern »innc«.

Und auch nicht »an der« sondern »anne«.

Du bist also: »inne Kneipe anne Theke«.

Wir Ruhris sagen das intuitiv.

Aber Touris fragen sich, was die Anne für 'nen komischen Nachnamen hat.

Für solche Leute gibbet »anne Fresse«. Wobei hier auch »auffe« Fresse geht.

Aber wer heißt schon »Auffe«?

Nächste Regel: Wir kennen keinen Genitiv. Der macht's nur kompliziert.

Unser Ding ist der Dativ.

»Ich bin am Malochen.«

Was mit einem »dranne« noch verlängert werden kann.

So bist du nicht nur auf der Arbeit, nein, du tust sogar was.

»Dat is' dem Markus seine Jacky ihre Katz.«

»Geh' ma' nach'm Zoo.«

Da siehze »Köttelkes«.

Auch da können »Köttelkes« von Tieren sowie von den »Uligen« sein. Also von den Kindern.

So oder so: Muss wechgemacht werden. Damit die Uligen nicht zu nah anne Käfige sind, gibbet klare Anweisungen:

»Komma bei die Omma.«

»Geh da wech von dem Viech!«

Wäre ich ein Affe, ich glaube, ich würde auch nur mit »Köttelkes« schmeißen.

Oder wie wir sagen: »Schmitt et fott.«

Bisse wieder »zu Huss«, also zu Hause, können die Unterhaltungen auch verschieden verstanden werden.

Wenn ein Oller seine Olle fragt:

»Weiß' du noch, wie ich im Bett gekommen bin?«

Dann meint er nicht, was ihr jetzt denkt.

Er will wissen, wann (beziehungsweise wie) er *ins* Bett gekommen ist. Vermutlich war er knülle.

Oft wird auch die Kombination »mit die« benutzt. Dann wird dem Substantiv noch ein Konsonant angehängt. Wie etwa:

»Wo willze mit die Kinders hin?«

Natürlich sprechen wir auch einzelne Wörter aus. Nicht viele. Die sind umso kürzer und klarer.

Das Ausrufezeichen hörste quasi mit.

»Ey!«
»Heiopei!«
»Knilch!«
»Tach!«
»Tüss!«
Schön is auch »Haunserein«.
»Kippen« wurden zeitweise als »Aktive« bezeichnet.

Es gibt einfach sehr viele Ausdrücke, die total unterschiedlich klingen, aber exakt dasselbe meinen.

Wenn wir Ruhris etwas umsonst bekommen, was wir übrigens immer gut finden, also »töfte« oder »astrein«, dann »isset für umme«, »für lau«, »für nöppes« oder »für lullu«.

Wird das schon anstrengend? Stellt euch nicht so an. Das sind Vokabeln, die muss man lernen.

Abba rabotti!

Weiter im Grundkurs. Als Comedian beschäftige ich mich natürlich viel mit der Sprache, und auch als Markus mach ich das gerne. Für Witze, Gags oder einfach nur, um Spökes zu machen.

Also Spaß. Dann »hauze einfach ma ein' raus«. Und das hat nicht mit körperlicher Anspannung zu tun.

Und Spaß zu haben ist halt immer schöner als Ärger. Darum, aufgepasst: Es gibt Gespräche im Pott, deren Bedeutung … ich samma … situationsbedingt von der Wirklichkeit bestimmt sind.

In solche Gespräche solltet ihr euch als Außenstehende besser nicht einmischen:

»Wie isset, Vollpfosten?«
»Ey, wat hasse für mich gesagt?«
»Merkse selbs, ne?«
»Fresse! Sons' Kloppe! Abba mit Schmackes!«

Die modernen Ruhris würden sagen:
»Wat is, juckt dat Gesicht?«

Wie gesagt, wir leben im Ruhrgebiet frei Schnauze. Aber mit Herz! Es ist also nicht immer alles so hart gemeint, wie es klingt.

(Nur manchmal.) Wir reden eben gerne Klartext. Dann weiße Bescheid. Ich finde, das macht unsere Sprache viel benutzerfreundlicher. Wir können aber auch Poesie.

Oder das, was wir dafür halten. Pott-Poesie, ne. Denn je länger wir inne Kneipe anne Theke stehen, desto mehr versteht der Zugereiste nur noch Bahnhof.

»Dat Bier is kaputt!«

Übersetzung: Das Bier macht mich nicht besoffen.

Also sachse zum Wirt:

»Mamma die Luft außem Glas.«

Ist selbsterklärend!

Wenn das frisch gefüllte Glas dann vor einem steht, wäre überall in Deutschland ein einfaches »Prost« angemessen. Nicht bei uns. Es wäre zu effizient, zu banal. Wir feiern das Anstoßen lieber, auch wenn's für uns ungewohnt wortreich ist:

»Hau wech, die Scheiße.«

Zugegeben, je mehr Pilsken die Runde machen, desto eher verkommt die Sprache zu einzelnen Lauten, die dann nur noch die verstehen, die mitsaufen. Ab einem gewissen Moment wird eh nur noch gedeutet. Es wird gezeigt, was man will, wer auch einen mittrinken soll und wer nichts kriegt.

Ich bin mir sicher, das gilt deutschlandweit.

Noch 'n Tipp: Wenn du im Ruhrgebiet gerade völlig orientierungslos bist, das Navi sich verfahren hat, du die Stadt vor lauter Häusern nicht mehr siehst – dann: Fenster runter, Kopf raus, hinhören.

Dir werden die sprachlichen Unterschiede auffallen:

Im östlichen Ruhrgebiet ab hinter Castrop-Rauxel und vor allem ab Dortmund hörst du oft ein »... woll« am Ende des Satzes. Im Norden ist es eher ein »nech« und bei uns im Westen überwiegend ein »ne«.

Und im südlichen Pott?

Da steigste aus und fragst: »Wo bin ich hier?«

Sprachlich ist das Ruhrgebiet ganz und gar nicht grau, nie gewesen. Wir reden gedehnt, kantig, auch mal spröde. Aber das ist ja kein »falsches« Deutsch. Wie wir reden, das haben wir uns erarbeitet, da sind viele Einflüsse drin. Das Plattdeutsche, viel Westfälisches, Rheinisches, aber natürlich auch der Sprachschatz unserer Gastarbeiter:innen und vor allem der Ruhrpol:innen um Dortmund herum. Dazu kommt natürlich auch die knappe Sprache der Knappen, also der Bergleute, die direkt und bequem war:

»Auf« hat den Knappen gereicht. Da war Glück auf schon zu lang. Mehr Zeit für de Maloche.

Also »mach feddich«.

Wenn Konrad Duden das hörte, er würde sich im Grab umdrehen. Aber dann hauße noch ein raus, und er würde wieder gerade liegen.

Oh, auf einmal ein Raunen in meinem Sprachkurs? Passt auf: Konrad Alexander Friedrich Duden hat sein Abitur 1846 am Gymnasium von Wesel gemacht. Also am Niederrhein, nicht weit weg vom Ruhrgebiet. Staunen in der Runde. Zu Recht.

Der junge Konrad hat mit der Familie bis zum Ende seiner Schulzeit in der Altstadt von Wesel gelebt. Danach wurde aus ihm also *der* Konrad Duden. Der Mann, der die deutsche Sprache und Rechtschreibung vereinheitlich hat, dessen Regeln bis heute gelten. Und ausgerechnet er ist unser direkter Nachbar vom Niederrhein. Ja komm, darüber kann man sich schon beömmeln. Ist sein Rechtschreibwörterbuch etwa eine Reaktion auf uns? Auf das Kauderwelsch im Pott, das zu ihm rüberschwappte? War er genervt vom Sprachschallala? Wurde er in der Schule einmal zu oft gehänselt:

»Komma wacker, Konny, du Pannekopp!«
Oder: »Wie heißt der Konrad von Wesel …?«
Wer weiß, wer weiß …

Was dazu passt: Bei seinen Rechtschreibregeln folgte Konrad Duden dem phonetischen Prinzip, also »Schreibe, wie du sprichst«. Merkt ihr was?

Das hat er sich bei uns abgehört.

Ihr seid jetzt schon ganz baff? Okay, ich setz noch einen drauf.

Friedrich Arnold Brockhaus, Verleger und Gründer des Verlagshauses Brockhaus, stammt aus Dortmund. Ende des 18. Jahrhunderts, also eine Weile vor Konrad, ist er dort geboren worden. An meine jüngeren Fans: Die Brockhaus-Enzyklopädie ist ein Nachschlagewerk in mehreren Bänden von A bis Z. Ich wollte den Brockhaus ja mal verfilmen.

Etwas »im Brockhaus nachschlagen« hat man in meiner Jugend noch gesagt.

Heute nennt man das »googeln«, und die Seiten, die man dafür aufschlägt, sind nicht mehr aus Papier. Übrigens, mittlerweile steht »googeln« auch im Duden. Ist aber nur ein schwaches Verb.

So, was lernen wir daraus in meinem Grundkurs?

Ruhrdeutsch ist die wirklich wahre Sprache.

Jetzt fehlen eigentlich nur noch die Gebrüder Grimm. Ja, die kommen doch aus Essen!

Was sind die … aus Hessen? Mist, verhört. Ich verkaufe ein »H«.

Na ja, Hanau ist auch schön.

KAPITEL 5:

Läuft wieder bei Männeken Pis

Wusstet ihr eigentlich, dass wir in Duisburg ein »Männeken Pis« haben, hatten ... wiederhaben?

Das klingt nebulös und ist es auch. Spannend wie in 'nem Krimi. Wenn du das jetzt gelesen hast, findest du Brunnen nie wieder langweilig. Jedenfalls nicht die in Duisburg!

Unser Männeken Pis ist eine fast meterhohe Statue, die wie in Brüssel über einer Brunnenschale steht und laufen lässt. Der Künstler kam aus Ruhrort, aber dort wollte man die Knabenfigur vor über hundert Jahren erst gar nicht geschenkt haben. Weil die als anstößig galt.

Als Sehensunwürdigkeit sozusagen.

Doch später haben sie den Brunnen mit Männeken Pis am König-Heinrich-Platz aufgestellt, Jahre danach am Ostausgang des Hauptbahnhofs. Und als da umgebaut wurde, reiste der pinkelnde Meter weiter und stand auf dem Sonnenwall vor dem Bezirksamt Innenstadt.

Bis vor etwa zehn Jahren.

Plötzlich war das Männeken weg. Und keiner wusste, wohin. Es war wirklich rätselhaft. Hatte er sich verpisst? Einfach vom Brunnen runter, um mal wieder den Standort zu wechseln?

Oder in die Bahn nach Oberhausen gestiegen? Mumpitz. Die Bremer Stadtmusikanten trennen sich ja auch nicht und stehen auf einmal an vier unterschiedlichen Stellen in der Stadt.

Das Männeken Pis blieb verschwunden. Was war passiert? Wir Duisburger:innen haben wild spekuliert. Stand es in irgendeinem Schrebergarten am Teich zwischen Gartenzwergen versteckt? Hatte es jemand in einem Dixi-Klo eingesperrt? Oder war es etwa geklaut worden?

Ein Wahrzeichen – wer macht denn so was? Konnte kein:e Duisburger:in sein.

Da würde ich ja eher ein Zebra aus dem Zoo mitgehen lassen. (Tatsächlich schon mal ausprobiert.)

Das Gegenteil war der Fall: Männeken Pis sollte davor geschützt werden, von Metalldieben weggegaunert zu werden. Deswegen hatte die Stadt die Statue klammheimlich abmontieren und 2011 im Depot des Lehmbruck-Museums einlagern lassen. Jahrelang hat Männeken da gelegen, verborgen vor der Öffentlichkeit. Erst jetzt, zehn Jahre später, ist das Kunstwerk wieder aufgetaucht und neu hingestellt worden. Und zwar bei der Firma Haniel auf der Harmoniestraße, wo es überwacht wird.

Nach 113 Jahren ist Männeken Pis also zurück in Ruhrort. Hätte man ihn direkt da gelassen, wäre nicht so ein Gedöns gewesen. Den Brunnen sollte man gesehen haben. Und bitte nicht selbst reinpullern, ne.

Der »Goldene Anker« ist auch nicht mehr da. Nicht die Schmusekneipe inne Altstadt, obwohl es die, glaube ich, auch nicht mehr gibt. Nee, dat Kunstwerk. Noch so ein Symbol, über das du dich als Duisburger immer gefreut hast, wenn du dran vorbeikamst. Der überdimensionale, goldfarbene Anker stand vor dem Gebäude der Industrie- und Handelskammer in seinem Brunnen. Da hat man sich früher immer getroffen, wenn man sich verlaufen hatte.

Wenn ich aus dem Hauptbahnhof raus war, ist der Goldene Anker immer das Zeichen gewesen, dass ich in Duisburg wieder angekommen bin. Ich hab den dann vor Freude immer angegrinst.

Der Anker steht halt auch für unsere Bodenständigkeit und ist in der Stadt überall präsent. Sogar KöPi hat den im Logo. In meiner Kneipe sage ich immer zum Service: »Das Bierglas muss über den Anker gefüllt sein.« So, nun ist der Goldene Anker also weg. Ich würde nicht so weit gehen, im Keller des Lehmbruck-Museums nachzusehen. Aber Hinweise gern an jede Polizeidienststelle oder direkt an mich. Und sollte jemand eine überdimensionale Mr.-Softy-Milchtüte sehen: direkt mitbringen. Dat war der goldene Anker fürs Autofahren. Wat der Dom für den Kölner ist, war die Mr.-Softy-Milchtüte im Innenhafen für die Duisburger:innen. Zu Hause.

Immerhin läutet der Stadtwerke-Turm wieder.

Was nicht verschwinden kann, weil das einfach viel zu auffällig wäre: der Pleitegeier. Das ist die sieben Meter hohe, knallbunte Fabelfigur, die in der Innenstadt im Lebensretter-Brunnen steht. Die Künstlerin Niki de Saint Phalle hat die Skulptur wie eine ihrer bekannten Nana-Figuren gestaltet. Es ist ein adlerähnlicher Vogel, an den sich eine Frau klammert. Für uns Duisburger:innen ist es einfach: der Pleitegeier. Jo, der passt als Wappenvogel perfekt zur Stadt. Dat hat Humor.

Neben dem Brunnen haben wir in Duisburg aber auch andere besonders spannende Gebäude. Das historische Rathaus: klar. Die Küppersmühle am Innenhafen. Oder das Dreigiebelhaus in der Altstadt. Es hat einen Dachgiebel wie Treppenstufen, roten Backstein und grünliche Fensterläden.

Ein echter Hingucker. Es ist das älteste Wohnhaus der Stadt. Aus dem 16. Jahrhundert. Heute sind darin Künstlerateliers und ein Restaurant untergebracht.

Und schon mal vom *Tausendfensterhaus* gehört? So nennen wir das »Haus Ruhrort«, das Verwaltungsgebäude der Rheinischen Stahlwerke. Wegen der Fensterreihen dicht an dicht sieht es von oben ein bisschen aus wie ein Kreuzfahrtschiff, finde ich.

Es war 1922 das erste Haus, in das eintausend Fenster eingebaut wurden. Wenn du da drum rumläufst, tu mir den Gefallen und zähl die nicht nach. Es sind nämlich insgesamt nur etwas mehr als 500.

Ja komm, wir können auch Pinocchio.

Jetzt ist da ’ne Augenklinik drin. Also die Gläser liegen innen.

Es gibt aber andere Bauwerke, bei denen du ganz genau hinschauen solltest. Weil die zeigen, wie in Duisburg die Welt zu Hause ist. Wir sind hier so irre international, du musst in keinen Flieger mehr steigen. Pass auf, hier meine persönliche Top 3, wo du dich wie im falschen Film fühlst:

Die Homberger Brücke über den Rhein – sieht aus wie die Golden Gate Bridge in San Francisco.

Der Turm der Salvatorkirche am Alten Markt – wirkt wie der Big Ben in London. Nur ohne Turmuhr, aber du kannst ja aufs Handy gucken, um zu sehen, wie spät es ist.

Die haben also beide diese typisch gotische Architektur. Wobei unser Turm gut zehn Meter höher ist, ne. Wenn du in London etwas weiter in den Westen gehst, ist da das Stadion des FC Chelsea, die Stamford Bridge. Weil das innen mit den Sitzschalen in Blau getaucht ist, sieht es original aus wie in unserer MSV-Arena.Bei solchen Ähnlichkeiten, da frag ich mich doch: Ist das noch Zufall? Oder, hehe, haben die uns kopiert?

In New York habe ich mal meinen Augen nicht getraut. Steht da plötzlich in einem Museum die Einschornsteinsiedlung aus Neudorf in Miniaturgröße nachgebaut. In New York! Das wusste ich nicht und habe mit meinen Eltern völlig überrascht vor der Vitrine gestanden.

»Das ist Neudorf.«

»Ja.«

»Warum?«

Ich denk mal, weil die Siedlung Ende der Zwanzigerjahre so erbaut wurde, dass weltweit zum ersten Mal mehrere Häuser von nur einer Station beheizt wurden. Drum gab es früher auch ein Waschhaus für alle in der Mitte. Dessen Schornstein steht heute noch. Mein Onkel Franz-Josef ist lange Hausmeister der Ein-Schornstein-Siedlung gewesen. Und meine Cousine Petra wohnt dort auch noch. Ja, da haben die in New York richtig was zu gucken. Und das Original, bitte schön, steht im Pott.

KAPITEL 6:

Schimanski, Leo DiCaprio & Co.

Auch das ist typisch Ruhrgebiet. Wir haben in Duisburg einem Mann, der die Stadt bekannt gemacht hat, zu Recht eine Straße gewidmet. Den Horst Schimanski aus der TV-Serie *Tatort* kennt bestimmt jeder. Aber eine direkte Straße ist es nicht. Unsere »Horst-Schimanski-Gasse« ist 15 Meter lang und hat keine Tür. Warum widmet man ihm eine Straße (Gasse) ohne Tür … die er eintreten könnte? Und dann nur so kurz? Er hätte eine Allee verdient.

Mir hat letztens einer gesagt, da wäre irgendwo 'ne Tür.

Das glaube ich nicht. Und wenn schon … Dann sind es halt 15 Meter und eine Tür. Für Schimanski? Kifft ihr?

Die Horst-Schimanski-Gasse

Er hat als Duisburger *Tatort*-Kommissar neben »Scheiße!«-Brüllen, sich prügeln und Morgens-schon-mal-das-erste-Bierchen-Trinken Duisburg deutschlandweit bekannt gemacht. Das schaffen nur ganz wenige (hehehe). Götz George hat Horst Schimanski legendär gespielt. Schon 1981 in der ersten Folge »Duisburg-Ruhrort« hat er seinen Partner Thanner angeschnauzt. Was der sein Fett abbekommen hat. Wenn Thanner mal ins Hafenbecken gefallen wäre: egal, schwimmt oben.

Uns Schimanski blieb in zehn Jahren und 29 Folgen sehr launig. Noch heute gibt es »Schimmi-Touren« durch die Stadt, wie im *Tatort* geht's durch graue Gässchen, an staubigen Hochöfen vorbei und anne Currywurst-Bude. Dann erst mal fluchen und noch 'n Pilsken. Die »Horst-Schimanski-Gasse« hat ihren Namen verdient, und natürlich läuft sie in Ruhrort aufs Wasser zu.

Das muss man sich mal vorstellen: ein deutsches Straßenschild für eine fiktive Figur. Es ist nicht die Götz-George-Gasse, nein. Es gibt auch keine Pippi-Langstrumpf-Straße.

Einen Winnetou-Weg? Nö. Aber eine »Horst-Schimanski-Gasse«!

Weil Schimmi ein richtiger Rabauke war und viele Ruhrgebiet-Klischees launig verkörpert hat, ist das seinerzeit in Duisburg heftig diskutiert worden. Vielen war das nicht recht, auch Politiker:innen. Die wollten dieses Image nicht, weil sie's zu asig fanden.

Der Innenhafen war nicht so runtergekommen wie im *Tatort* gezeigt. Die Leute mussten denken: Da gibt's nicht einen Baum. Und wenn Götz George mal gesagt hat, er sehe selbst aus wie die Stadt, nämlich »wie ein halb abgerissenes Haus«, dann war auch das klar übertrieben.

Ich glaube aber nicht, dass uns die deutschen Fernseh-Zuschauer:innen deshalb alle für grundsätzlich bekloppt (ge)halten (haben). Die mochten einfach diese ehrliche und echte Atmosphäre.

Das war schön für 90 Minuten am Sonntagabend. Und wenn Schimanski die Klappe aufgemacht hat, dachte man doch meistens: »Hat er recht.«

Schimanski hat ja auch nur gezeigt, wie schräg bis durchgeknallt das Ruhrgebiet sein kann.

Was es nicht immer ist. Aber eben sein kann. Es gab ja schon vor Schimmi einen Ruhrgebiets-*Tatort* aus Essen, mit Hansjörg Felmy als Kommissar. Der hat anders ermittelt. Und aktuell im Dortmunder *Tatort* ist es wieder anders.

Ich muss auch sagen, dass der Humor vor 20 Jahren noch brachialer war, viel unkorrekter als heute.

Eben frei Schnauze, wofür das Ruhrgebiet doch steht. Das sieht man auch in Filmen, die im Pott spielen und als typisch gelten. Immer noch großartig sind die Komödien *Bang Boom Bang* von 1999 und drei Jahre später *Was nicht passt, wird passend gemacht*, die in Unna und Dortmund spielen und da auch gedreht wurden. Es gibt noch einen dritten Teil der Unna-Trilogie: *Goldene Zeiten*. Die ersten beiden waren aber klar besser und wurden Kult.

Was uns Peter Thorwarth damit abgeliefert hat: Liebeserklärungen ans Revier! Klar, der Regisseur ist ja auch selbst in Unna aufgewachsen, der kannte sein Milieu. Viele der Schauspieler:innen, die die schrulligen Typen spielten, kamen ebenfalls von hier. Der leider verstorbene Diether Krebs, mein absoluter deutscher Lieblingsschauspieler, als schmieriger Speditions-Boss

Werner Kampmann. Da hat er alles, was er unter *Ekel Alfred* erleben musste, zurückgezahlt.

Und Gauner Ralf Richter als »Kalle« auf Ruhrpott-Proll gepimpt.

Diese Sprüche …:

»90 Minuten Hardcore, echte Gefühle«
»Der Daumen ist ab, du Arschloch!
Jetzt sind meine Fingerabdrücke im Tresor!«
»Weiß doch, wie sowas is. Ich bin da grad selbst
wat am Planen dran.«

Weltklasse.

Der Film läuft übrigens seit über 20 Jahren in einem Bochumer Kino.

Auch nicht zu vergessen ist die Ruhrgebiets-Trilogie von Adolf Winkelmann mit den Filmen *Die Abfahrer, Jede Menge Kohle* und *Nordkurve*. Uwe Ochsenknecht und Ralf Richter in Top-Form. Weltklasse.

Knaller-Schauspieler aus dem Pott natürlich auch Dieter Pfaff und Joachim Król. Ein Spruch, den Króls Figur in *Der bewegte Mann* sagt, als er nackt im Schrank erwischt wird, nutze ich heute noch, wenn mir etwas peinlich ist. Was zum Glück nicht so häufig vorkommt, aber:

»Ja, ich geh dann jetzt mal« – ich glaube, so würde ich auch reagieren.

Dietmar Bär und Hape Kerkeling müssen auf jeden Fall auch erwähnt werden. Hape in *Club Las Piranhas* – wer diesen Film noch nicht gesehen hat: sofort bestellen.

Und natürlich der in Essen geborene Heinz Rühmann. Er starb 1994, ein Jahr später wurde ihm die *Goldene Kamera* als »Größter deutscher Schauspieler des Jahrhunderts« posthum verliehen.

Bei den verstorbenen Darstellerinnen erinnere ich mich an Elisabeth Volkmann, auch aus Essen, die auch die Synchronstimme von Marge Simpson war.

Oder an Tana Schanzara. Sie gehörte zum Ensemble des Schauspielhauses Bochum und hat in vielen Ruhrgebietsfilmen mitgespielt (so auch in *Was nicht passt, wird passend gemacht*).

Und jetzt kommt et. In Oer-Erkenschwick, inne Kampstraße, da hat bis 2008 Helene Indenbirken gewohnt. Sie ist die Mutter von Irmelin Indenbirken, geboren in Oer-Erkenschwick.

Und die ist die Mutter von … Trommelwirbel …: Leonardo DiCaprio. Ja, *der* Leonardo DiCaprio.

Kein Kokolores, der stammt so halb von hier. Zu seiner Omma Helene hatte Leonardo laut eigener Aussagen ein besonders herzliches Verhältnis.

Sowieso als Kind, aber auch danach. Über sie habe ich mal einen TV-Beitrag gesehen. Den hab ich mir jetzt nach Jahren noch einmal angeschaut. Apfelkuchen. Am liebsten aß Leonardo ihren Apfelkuchen, erzählt sie. Als Kurzer hat der Leo viele Sommerferien bei ihr verbracht. Dazu sagt sie:

»Unten auf dem Spielplatz war er mit den anderen Kindern am Rumlaufen, nech. Mit neun Jahren, da war ein Breakdance-Wettbewerb hier im Oer-Erkenschwicker Stadtpark. Da hat er den zweiten Platz gewonnen.« 1984 war das, da kannte ihn noch keiner.

Was sich dann bald geändert hat. Während Omma Helene im Fernsehen über ihren Enkel spricht, sitzt sie in ihrer Mietwohnung in Filzpantoffeln vor dem Wohnzimmerschrank, Gelsenkirchener Barock, der voll ist mit seinen Filmen auf VHS-Kassetten.

Auch als Leonardo dann ein Star war, hat er sie im Ruhrgebiet besucht. Sie erzählt, er habe sich immer lieb gekümmert und sie auch zu vielen Filmpremieren auf den roten Teppich mitgenommen. Paris, London, Los Angeles: ihr nicht so wichtig.

»Ich empfinde das nicht so wie die anderen Leute, weil er ist doch mein Enkel, nech. Er hat diesen Beruf und will mich überallhin schleppen.«

Weil die Fans wussten, dass Leo seine Omma gerne besuchte, sind viele Mädchen hingefahren und haben Liebesgrüße in den Plattenbau-Hausflur gekritzelt. Nach *Titanic* stand da alles voll, klar.

Helene war sogar 1997 am Filmset, als ihr Enkel im Eiswasser absoff.

»Das tat mir richtig körperlich weh, nech.«

Süß, wie sie da mitgelitten hat. Aber er hat ja überlebt, hat ja noch weitere Filme gedreht. Und wie muss ich mir das vorstellen, wenn er sie danach in Oer-Erkenschwick besucht hat?

»Leo, putz dir bitte die Füße ab.«

»Ich bin der König der Welt.«

Hömma, da kippste außen Latschen, der Leonardo Di Caprio is auch von hier wech.

Erfolgreicher Enkel. Ruhrpott-Ruhm (2. Platz beim Breakdance). Oscar-Gewinner. Ein Weltstar mit deutschen Wurzeln. Ha, wie ich. Helene Indenbirken starb im Alter von 93 Jahren.

Sie hatte wohl den schönsten Lebensabend, den eine Omma sich vorstellen kann. Ihr Leonardo war 2008 beim Begräbnis zum letzten Mal in der Gegend, heißt es. Sein zweiter Vorname ist übrigens Wilhelm. Wie sein Opa.

KAPITEL 7:

Atze Schröder ist kein Neandertaler

Wann hat das angefangen mit dem Ruhrgebiet? Lasst mich mal lange zurückdenken.

Die Gegend des heutigen Reviers wurde schon um 80.000 v. Chr. besiedelt, in der Zeit der Neandertaler:innen. Bei der Abstammung, da weißte Bescheid, das erklärt so einiges. Aber die hat sich bewiesen. 1911, beim Bau des Rhein-Herne-Kanals, haben sie Steinwerkzeuge und Knochenspuren von Wisenten, Wollnashorn und Mammut gefunden. So etwas weiß ich einfach.

Wenn ich's nachgeschaut habe.

Ich bin so stolz, ein Kind des Ruhrgebiets zu sein. Da, wo jetzt die Universität Duisburg-Essen steht, wurde ich geboren. Sie ist noch nicht nach mir benannt, aber das kann ja wohl nicht mehr lange dauern. Der größte Ballungsraum Deutschlands sind wir. Wie das klingt. Nach Legebatterie. Oder Fischschwarm. Aber tatsächlich gibt es keine wirklichen Grenzen: 53 zusammengewachsene Städte knubbeln sich hier. Wo genau fängt unser Ballungsraum denn nun an, und wo hört er auf? Auf der Karte werden von Sonsbeck im Westen quer rüber bis Hamm 116 Kilometer angezeigt.

Oben von Haltern am See bis Breckerfeld im Süden sind's 67 Kilometer. Der geografische Mittelpunkt des Ruhrgebietes liegt in der Rolandstraße in Herne-Röhlinghausen.

Das nur für's Protokoll.

Von den größeren Städten ist Duisburg die westlichste und Dortmund die östlichste des Ruhrgebiets. Rechts daneben Unna gehört natürlich auch noch dazu. Und das sowieso, wenn's nach dem Westfälischen Hellweg geht. Der Hellweg im Ruhrgebiet ist ein Handelsweg wie die Seidenstraße von China. Da wurden früher vom Duisburger Hafen Güter durch das Ruhrgebiet in die ganze Welt transportiert. Früher, das heißt nicht erst seit dem Mittelalter, sondern seit über 5.000 Jahren. Da gab's schon die alten Ägypter:innen, Rom aber noch lange nicht.

»Unser« Hellweg verläuft etwa 200 Kilometer lang mitten durchs Revier. Die Strecke hat schon damals Duisburg, Mülheim, Essen, Wattenscheid, Bochum, Dortmund und Unna miteinander verbunden. Besser gesagt: So sind die Städte des Ruhrgebiets überhaupt erst entstanden! Als Marktorte, die eben an der Handelsroute lagen.

Eine alte Straße war das, mit dicken Steinen, durch Wald und über Felder, damals die wichtigste Verbindung zwischen Rhein und Elbe.

»Autobahnraststätte« kannten die im Mittelalter natürlich noch nicht mal als Wort. Wenn am Pferdekarren was kaputt war: wie gut, wenn's in der Nähe eine Schmiede gab. Und Gasthöfe zum Übernachten. Auch Tischler, Drechsler oder Hexen haben sich hier niedergelassen und angesiedelt. Weil sich das eben immer mehr lohnte.

Und das auch: für Räuber. Das ist bekannt, weil Duisburg in dieser Zeit zum allerersten Mal schriftlich erwähnt wurde. Ausgerechnet durch eine wilde Rauferei. Im Jahr 883 sind dänische Wikinger den Rhein hochgerudert, haben das damalige *oppidum duisburh* überfallen und dort sogar überwintert. Aber dann hat Herzog Heinrich mit seinen Männern die Wikinger ordentlich vermöbelt und sie zurück auf ihre Drachenboote gejagt. So konnten die sich nicht den Hellweg entlangplündern, was sie wohl eigentlich vorhatten. Jau, die Wikinger haben sich also die Zähne an uns ausgebissen. An uns Nordrhein-Vandalen.

Selbst Schinderhannes hatte sich eine Zeit lang im Duisburger Wald versteckt, in einer Höhle, die noch heute nach ihm benannt ist. Und das war ein Räuber der fiesesten Sorte. Aber zurück zu den schöneren Dingen.

Den Hellweg wie früher gibt es so nicht mehr, aber er hat bis heute viele Spuren hinterlassen.

Das siehst du im Ruhrgebiet noch überall. Viele Hauptstraßen sind nach ihm benannt, auch Apotheken oder Kneipen. AC/DC hat sogar ein Lied über ihn geschrieben, leicht abgewandelt: »Highway to Hellweg«. Wobei es andersrum ist: Aus dem Hellweg ist die A 40 entstanden.

Wenn die Menschen des Mittelalters wüssten, was heute aus ihren Ortschaften geworden ist:

Oberhausen ist nur Centro, Bottrop nur zwei Freizeitparks. Mülheim ist Helge Schneider und Gelsenkirchen nur Schalke. Essen dagegen ist nicht Atze Schröder.

Das spielt er nur, kommt aber aus dem Münsterland. Atze ist also kein Neandertaler.

Aber er spielt den Ruhrgebiets-Proll so dermaßen gut – er könnte einer von uns sein.

Ich zumindest habe es ihm immer abgenommen.

KAPITEL 8:

Grau kannte ich in jeder Farbe

Früher hat es im Ruhrgebiet noch richtig geschneit, so mit 'ner dicken weißen Schneedecke. Noch in den Siebzigerjahren war die aber schwarz berieselt: vom Kohlenstaub. In Duisburg war der Schnee immer schwarz, ich kenn' nur schwarzen Schnee. Und auch im Sommer lag das dunkle Pulver auf der frisch gewaschenen und gerade rausgehängten Wäsche. Da hätten selbst Klementine oder der Weiße Riese mal so gar nix machen können. Es war grau-enhaft.

Ich kannte Grau in jeder Farbe. *Fifty Shades of Grey* – eigentlich haben wir das erfunden.

Als ich aufwuchs, starben bereits die ersten Zechen. Der Pott kochte immer weniger Stahl.

Was anderes musste her. »Strukturwandel« nannte man das. Doch nicht alles, was als Ass gedacht war, trumpfte auf. Die Karten wurden einfach zu schnell neu gemischt. Erst wurde in Bochum kein Manta mehr gebaut, dann rollte überhaupt kein Auto mehr vom Band. Und auch der Handybau war tief im Westen schon Geschichte, bevor er im Rest der Welt so richtig losging.

Die Zeche Zollverein – die schönste der Welt. © Udo Thies

Konnte ja keiner mit rechnen. Und heute: finish. Und schon wieder: Merkze wat? Am falschen Ende gespart.

Ich bin froh, dass ich in einem kleinen, mittelständischen Unternehmen meine Lehre machen durfte.

Ich saß im Büro. Die Sonne schien zum Fenster rein, wenn sie 'nen guten Tag hatte. Wunderbar.

Bei Spitz Schweißgeräte in Duisburg-Hochfeld habe ich meine Ausbildung zum Groß- und Außenhandelskaufmann gemacht. Dafür lernen musste ich nicht. Ich habe nie in ein Buch geguckt oder irgendwie sowat. Wenn man mir was gesagt hat, wusste ich das. Nach zwei Wochen war ich schon alleine im Betrieb und konnte es. Ich habe wirklich alles gemacht, und das sogar sehr gerne, von der Ablage bis zum Verkauf. Habe dem Chef auch gerne mal eine Mahnung geschrieben, wenn das Frühstücksgeld fehlte. War eine sehr schöne Zeit. Und was für mich wichtig war: Niemand hat mir das Gefühl gegeben, ich wäre nur Auszubildender. Ich gehörte sofort dazu.

Dafür noch mal ein großes DANKESCHÖN.

Man sagt immer: »Lehrjahre sind keine Herrenjahre«.

Doch, bei mir ... waren sie's.

Wenn ich dann überlegt habe – dieselbe Stadt –, wie viele Bergleute unter Tage waren. Die mussten richtig malochen, haben da unten Dreck gefressen und Staub inhaliert. Und ich machte Bürogedöns oder schraubte Sauerstoff- und Azetylen-Schläuche fürs Autogenschweißen zusammen. Tageswerk erfüllt. Manchmal kamen Kunden, ungefähr drei am Tag, und fragten:

»Na, Markus, alles gut? Ich will das und das hier verbinden. Was haste für 'n Metall?«

Jau, habe ich nachgeguckt: eine Schwarz-Weiß-Verbindung, also Edelstahl mit normalem St37-Stahl (Klugscheißermodus aus) und habe ihm die richtige Elektrode verkauft. Dann Mittagspause oder besser gleich Feierabend.

Die harte Arbeit hat die Bergmänner zusammengeschweißt. Die Kumpel waren Kumpels, weil es ihr Überleben sicherte. In eintausend Metern unter der Erde musst du dich blind aufeinander verlassen können. Dieter, Slawek, Mustafa – scheißegal, in der Kohle waren alle gleich und am Ende der Schicht alle rabenschwarz. »Glück auf«, Antwort »Auf«: Das war ihr Gruß.

Den hast du rund um die Zechen überall gehört, bei uns inne Siedlung, ne.

Die Zeche Zollverein gehört zum Weltkulturerbe
der Unesco und da sind wir stolz drauf! www.zollverein.de © Udo Thies

Nehmen wir mal die Zeche Zollverein in Essen. Der Förderturm von Schacht 12 wird auch der Eiffelturm des Ruhrgebiets genannt. Kein Wunder: Zeche Zollverein war mal das größte Steinkohlenwerk der Welt, 135 Jahre lang haben sie da das schwarze Gold rausgeholt. 135 Jahre! Das ist 'ne halbe Ewigkeit. Bis es 1986 vorbei war, haben dort bis zu 8.000 Männer malocht. Mit Schlägel und Eisen, ihren Grubenwerkzeugen. Mit gekreuzten Stielen, dem Symbol des Bergbaus. Das waren schon krasse

Arbeitsbedingungen da unten: dreckig, dunkel und heiß. Sechs Tage die Woche, sechs bis acht Stunden Lärm, Kohlenstaub und dünne Luft.

Ohne Tageslicht. Nur Männer.

»Meine Maloche ist ein'n Kilometer entfernt.«
»Ah, in welche Richtung?«
»Nach unten.«

Ja nee, is' klar.

Es ging im Schacht kumpelhaft, gerecht und frei zu, sagen die Bergleute. Zweifellos, aber die Zeit der Zechen wird auch romantisiert. Dabei isset vielen echt nicht gut gegangen mit Staublunge oder »krummen Rücken«. Dazu die ständige Gefahr: Kohlenmonoxid, Schlagwetterexplosion, Einstürze.

Da behütet dich irgendwann auch die Helmpflicht nicht mehr. Ich sag mal so, die Heilige Barbara als Schutzpatronin: Sie hatte zu tun.

Die Zechenschließungen haben die Kumpel im Innersten getroffen. Weil's ja Teil ihrer gelebten Identität war, das Wir-Gefühl. Die standen selbst nach Schicht noch zusammen anne Theke, sangen im Bergmanns-Chor, gingen Auf Schalke, und sonntags nach der Kirche war Frühschoppen mit »Herrengedeck« – Pilsken und Korn.

»Oppa war auf Zeche, Pappa war auf Zeche – wo soll ich denn sonst hin?«

So eben.

»Strukturwandel«, das ist ja schon als Wort nicht sexy. Es meint halt: weg von Bergbau und Industrie. Hin zu Dienstleistungen, Bildung und Kultur. Da sind wir jetzt dran. Schon was länger.

Ich glaube, es ist nicht allen so klar, dass dieser Strukturwandel schon seit den Sechzigerjahren geplant wurde. Weil die Kohlekrise 1958 völlig überraschend kam, hoppla, und damit das Grubensterben losging. Schon damals wurden viele Schachtanlagen geschlossen.

Bis 1970, meinem Geburtsjahr, halbierte sich bereits die Zahl der Beschäftigten.

Kaum auf der Welt, zack, hatte ich schon die Hälfte verpasst. Die Förderung lohnte sich nicht mehr. Kohle vom Staat hat den Schaden begrenzt und das Sterben verlängert. In Duisburg hat der Strukturwandel, er bleibt unsexy, für volle Arbeitsämter und leere Lohntüten gesorgt.

Bei uns ist Kohle rar. So wie in Gelsenkirchen, Oberhausen,Wanne-Eickel und anderswo.

Dortmund hat gepunktet, auch mit einem Technologiezentrum an der Uni.

Der Strukturwandel bleibt im Pott ein Thema.

KAPITEL 9:

Ab ins Grüne!

Strukturen wandeln sich meistens langsamer, als man denkt oder hofft. Heute, nach Jahrzehnten, sieht es an der Ruhr anders aus. Die Luft ist rein, Briketts brauchße nur noch zum Grillen, und ja: Das Revier ist auch noch viel grüner, als man glaubt.

Ich glaub, ich steh im Grünen! © Archiv Markus Krebs

Früher war das Ruhrgebiet richtig schwarze Lunge, da hat dich eine Amsel mit ihrem Husten geweckt. Auch heute ist es kein Nichtraucher, aber es zieht an der E-Zigarette, ist also biologischer geworden. Jetzt hast du Natur statt Grau an vielen Orten. Der Pott ist sauberer, aber nicht geleckt. Zum Beispiel die Emscher war immer ein ziemlicher Abwasserkanal.

Ich will gar nicht wissen, was da alles reingeleitet wurde. Seit Mitte der Neunzigerjahre wird der Fluss vom ganzen Schmuddel befreit und wieder hübsch gemacht.

Der Emscher Landschaftspark, der sich als Grüngürtel quer durchs Ruhrgebiet zieht, wird immer mehr zum Naherholungsgebiet. Das ist wirklich sehenswert, und auch das gehört natürlich zum Strukturwandel. Und das gilt auch für unsere Halden, die angehäuften Hügel mit Schutt und Schlacke von unter Tage. Von denen sind viele renaturiert worden, also der Natur zurückgegeben nach der Abnutzung durch den Bergbau. Wenn du oben auf den Halden stehst, hast du einen atemberaubenden Weitblick. Und wie das bei uns im Ruhrgebiet so ist, kann man die grünen Hügel nicht nur hochgehen, nein, wir setzen noch einen drauf: schräge Skulpturen nämlich. Wer hier auf Haldenreise gehen will, was immer eine Spitzenidee ist, dem empfehle ich meine persönliche Top 5.

Auf der Halde Rheinelbe in Gelsenkirchen türmt sich die »Himmelstreppe« aus Betonblöcken auf.

Dann in Herten die Halde Hoheward, mit 152 Metern eine der höchsten, die das »Horizontobservatorium« obendrauf hat.

Bronze geht an »Das Geleucht« auf der Halde Rheinpreußen in Moers. Das außergewöhnliche Kunstwerk ist eine riesig rote Grubenlampe.

Mein zweiter Platz geht nach Bottrop ans »Tetraeder«, eine gewaltige Stahl-Pyramide, die die Halde Beckstraße überragt.

Gold verleihe ich an »Tiger & Turtle«, eines der absoluten Prachtstücke der Haldengeschichte.

Zu erleben auf der Heinrich-Hildebrand-Höhe in Duisburg, was ich sehr gerne dazusage.

Die Skulptur ist eine Achterbahn und wohl die einzige auf der Welt, die man laufen statt fahren kann.

Tiger & Turtle im Angerpark Duisburg. © Archiv Markus Krebs

Und als Zugabe noch ein Geheimtipp für alle Fußballfans: Von oben auf der Mottbruchhalde in Gladbeck siehst du links die Veltins-Arena und rechts das Stadion von Rot-Weiß Essen.

Neben den Halden werden auch die ganzen Zechengelände und Hüttenwerke neu verwendet.

Als Industriedenkmäler, abends beleuchtet, und überall steht »Weltkulturerbe« drauf.

Drauf sind wir Menschen an der Ruhr stolz. Das ist an vielen Orten sehr schön geworden und hat eine richtige Ruhrgebiets-Romantik. Vorwärts in die Vergangenheit, ne. Wir sind jetzt wie ein Freilichtmuseum. Bitte nicht füttern und anfassen, liebe Tourist:innen.

Wer hat mich gesehen, als ich diesen Sommer am Baldeneysee lag?

Ich war der Mann mit dem weißen Bauch. Meinen käsigen Hintern habe ich nicht gezeigt, der hätte die anderen Badegäste zu sehr geblendet. Und das Anrücken der Sittenpolizei wollte ich natürlich auch verhindern. Der Baldeneysee im Essener Süden ist der größte der sechs Ruhrstauseen und immer für einen Ausflug gut. Segeln, Kanutouren, Wandern, Radfahren, Angeln: Alles ist möglich. Köpper und Arschbombe mach ich immer noch gerne, auch am Ufer aus dem Stand. Früher war es eine kolossale Kloake, völlig versifft, mit Blubberschaum überall. Und gestunken hat es, sogar nach Fäulnis, weil einfach so viel Mist reinfloss. Wenn du dich reingetraut hast: Beim Rauskommen warste schwarz. Und wer nicht vom Dauerschwimmen im Lago Baldyno schon immun war, der durfte sich auf zwei Tage Durchfall freuen. Darum ist das *Strandbad Baldeneysee* in den Achtzigerjahren geschlossen worden, war dann nur noch *Licht- und Luftbad*. Du durftest da also nur noch inne Sonne liegen.

Heute ist das Baden wieder erlaubt und das Wasser viel sauberer. So sauber, dass das Sonnenlicht bis auf den Grund reicht. Was die segelnden Ruhris gar nicht freut, weil ihre Boote mit dem Kiel in der Elodea hängen bleiben, einer lianenartigen Wasserpflanze, an der Tarzan seine helle Freude gehabt hätte. Für uns Ruhris ist es der Lago Baldyno.

Wenn es am Baldeneysee zu voll sein sollte, hier ein kleiner Service für die Autofahrenden: von der A 3 die Ausfahrt Duisburg-Wedau nehmen. Da kommste zur Sechs-See-Platte. Herrlich!

Was für ein Erholungsgebiet, sechs Baggerseen, die wie Schwimmreifen aneinanderhängen. Auch da geht in Sachen Freizeit alles: Naturschwimmbad, Reitpfade, Spielplätze und Spazierwege ohne Ende. Mir sagen immer wieder Leute, dass sie sich wundern, wie viel Natur meine Stadt hat. Jaha! Duisburg ist nicht nur schimanskigrau und sowieso blau-weiß, es ist auch grün. Fehlt nicht viel zum Regenbogen, hehe.

Ich war auch schon gerne am Kemnader See zwischen Bochum und Witten, im Dortmunder Phoenix-See und im Strandbad Auesee, das nahe Wesel liegt.

Es sind alles richtige Seenswürdigkeiten (nein, kein Schreibfehler).

Aber auch an den Ufern der Ruhr und der Kanäle hast du immer was fürs Auge.

Ist das Ruhrgebiet also doch wunderhübsch und ein heimliches Naturparadies? Na kommt, Sauerland und Eifel sind da schon noch weiter vorne. Noch, ne.

Denn was ich on top noch erwähnen muss, das sind unsere Parks. Ich kann gar nicht so schnell schreiben, wie sie mir in den Sinn kommen. Dortmunder Westfalenpark, hey, der Kaisergarten in Oberhausen, holla, Gelsenkirchener Nordsternpark, wow, und im Grugapark in Essen habe ich mal Schach gespielt. Das mit den großen Figuren.

Dort wird dann jeder Zug lautstark von den Rentnern kommentiert, die drum herum auf den Parkbänken sitzen. Es ist ein bisschen wie mit dem Reinrufen der Opis auf einem Fußballplatz, die immer genau Bescheid wissen. Nur dass beim Schachspielen kein Tor fiel, aber bei mir am Ende der König.

Fußball, Fußball, so, jetzt ein Thema besonders für meine Leserinnen: Einkaufszentren (Klischeemodus an). Ganz ehrlich, da bin ich ein recht typischer Mann.

Also beim Bezahlen besser als beim Shoppen. Ich weiß aber, dass es einige sehr attraktive Einkaufsmeilen in der Gegend gibt. Die sollte man kennen, da kann man gut hin, nicht nur bei schlechtem Wetter. Für mich sind die vom Angebot her alle irgendwie ähnlich, aber meine Jacky meint, das stimme gar nicht. Also fahren wir sie der Reihe nach ab:

Das Centro in Oberhausen ist am bekanntesten, da war jeder Ruhri schon mal. Zu Recht.

Klasse Klamotten, aber man kann da auch draußen sitzen, lauschig was futtern und trinken.

Übrigens auch, wenn man einfach nur wartet, zum Beispiel auf einen Auftritt von Bryan Adams nebenan in der KöPi-Arena. In Mülheim ist das Rhein-Ruhr-Zentrum schön, in Dinslaken die Neutor-Galerie. Nicht zu vergessen der Ruhrpark in Bochum und die Dortmunder Thier-Gallery. Und dann gibt es da noch die größte Freiluft-Mall des Wilden Westens: die Essener Innenstadt. Fremde:r, fährst du am Hauptbahnhof ein, ist das Erste, was du zu lesen siehst: »Essen – die Einkaufsstadt«. Denn das steht in großen Buchstaben an der Fassade des erhabenen Hotels Handelshof.

In Essen kannst du kilometerweit latschen, und die Shops gehen dir nicht aus. Das wissen seit Jahr und Tag auch unsere holländischen Freund:innen, die in der Weihnachtszeit buskolonnenweise über die Stadt herfallen. Am Ende des langen Jakobsweges wird der gläubige Shopper mit dem modernsten aller Konsumtempel im Revier belohnt: dem Einkaufszentrum am Limbecker Platz. Auf drei Großetagen kann man da kaufen, mampfen und glotzen, bis der Arzt kommt.

Wenn ich einkaufe, dann gerne im Einzelhandel, dafür gibt's den ja. Ich gehöre nicht zu denen, die sich alles online aus Amazonien liefern lassen. Wo sich dann die Pakete vor der Wohnung stapeln und du keinen Schritt mehr vor die Tür tun kannst. Ich geh lieber ins Geschäft, lass mich beraten, flirte auch gerne mal mit der Verkäuferin. Allein so eine Umkleidekabine, schön altmodisch, ich mag das. Wenn mir die Hose nicht passt, zieh ich eben eine andere an. Eine Umkleidekabine gibt's bei Amazon nicht. Aber selbst die kannst du dort bestellen, oh Mann.

Wenn wir über Sehenswürdigkeiten und Ausflugsziele im Pott sprechen, sind die Industriedenkmäler wirklich einmalig. Die musst du besuchen. So wie die schon erwähnte Zeche Zollverein. Wo sonst gibt es ein früheres Bergwerk mit einem Schwimmbecken auf dem Gelände? Und eine Eislaufbahn, umgeben von Koksöfen und Kaminen.

Das ist so eigen, dafür kommen jährlich wahnsinnig viele Touristen.

Das gilt außerdem für den Gasometer Oberhausen, seit der zu einer Halle für aktuelle Ausstellungen auf mehreren Ebenen umfunktioniert wurde.

Der Gasometer in Oberhausen – nicht nur Industriedenkmal, sondern auch die höchste Event-Halle Europas. © Udo Thies

Auch der Landschaftspark Duisburg-Nord ist irre. Da hast du die Industriegeschichte der früheren Eisenhütte und Freizeitabenteuer wie einen Hochseilparcours zwischen Hochöfen. Oder Tauchen im Gasometer, dem größten Indoor-Tauchbecken in Europa. Unten im Wasser liegen Autowracks, Flugzeugteile oder Schiffsrümpfe. Und abends die echt schönen Lichtinstallationen über der alten Anlage, ja, die sind wirklich so richtig sehenswert und noch dazu spektakulär.

Na, auf solchen Arealen kannst du eben noch die Atmosphäre unserer früheren Industrieanlagen spüren. Und wer sich noch mehr für die Geschichte der Gruben interessiert, wird im Deutschen Bergbaumuseum in Bochum glücklich. Und auch in den Industriemuseen Zeche Nachtigall in Witten oder Zeche Zollern in Dortmund. Einen Geheimtipp habe ich noch, für ein bewegliches Industriedenkmal, das im Vincke-Kanal in Duisburg-Ruhrort liegt.

Die *Oscar Huber* ist ein Museumsschiff und der letzte erhaltene Raddampfer auf dem Rhein. Auch der ist abends beleuchtet; ich find's da sehr gemütlich.

Ich würd's mal so sagen: Das Ruhrgebiet kann sehr unterschiedlich sein. Trotzdem hat es viele Gemeinsamkeiten. Und viele davon sind sogar Rekordhalter. Passt auf:

In Hamm steht mit dem Sri-Kamadchi-Ampal-Tempel der gewaltigste südindische Tempel Europas der Hinduistischen Gemeinde. Riesengroß ist der und knallbunt.

Und auf dem Dortmunder Hansaplatz steht jedes Jahr der weltweit mächtigste Weihnachtsbaum der christlichen Gemeinde. Auch der ist riesengroß und knallbunt. Verrückt.

Oder: In Bottrop ist die längste Skihalle der Welt, 640 Meter Piste zum Runterfahren. Dabei kannst du hinfallen.

In Bochum sind es Rollschuhe, auf denen du aber nicht selbst laufen darfst. Das machen schon die Darsteller:innen von *Starlight Express*, dem erfolgreichsten Musical der Welt. Die fallen aber nicht hin. Weil sie Profis sind, und das schon seit 33 Jahren, und mehr als 12.000 Shows machen.

Wie unterschiedlich und doch ähnlich, ne.

Jetzt die Cranger Kirmes in Herne: Ist das zweitgrößte Volksfest in Deutschland nach dem Oktoberfest. Wenn wir jetzt mal gedanklich die Bayern ausklammern, was ja auch für die Bundesliga gut wäre: das größte Volksfest. Immer ab dem ersten Freitag im August tummeln sich in zehn Tagen an die vier Millionen Menschen zwischen Achterbahn, Riesenrad, Kettenkarussell, Bratfisch-Bude, Zuckerwatte-Stand und, und, und. Die Cranger Kirmes ist so berühmt, rein sprachlich nutzen wir sie das ganze Jahr über. Wenn einer blöd kommt, sagen wir:

»Dein Arsch hat gleich Cranger Kirmes.«

Braucht man nicht näher zu erklären.

Dabei hat die Kirmes ganz mini begonnen. Als kleiner Pferdemarkt im 15. Jahrhundert.

Da hat der Schmied vielleicht mit Hufeisen jongliert, aber mehr Unterhaltung war nicht. Und was da heute draus geworden ist: Wahnsinn.

Ich seh's doch auch bei mir. Comedy wird als Kleinkunst bezeichnet. Aber wenn ich in der Dortmunder Westfalenhalle oder in der Kölner Lanxess-Arena vor 15.000 Menschen auftrete, fühlt sich das gar nicht mehr so klein an. Da mach ich einen innerlichen Hüpfer und grinse über beide Backen, so viele

Menschen auf einmal zum Lachen bringen zu dürfen. Das ist ja dann nicht mehr ganz so kleine Kunst.

So, jetzt habe ich euch viele Sehenswürdigkeiten und Ausflugsziele vorgestellt. Wenn du von auswärts kommst: Geh hin. Es lohnt sich wirklich. Es sind Attraktionen made by Ruhrgebiet.

Auf die wir echt stolz sein können.

KAPITEL 10:

»Das ist kein Fleisch, das ist Braten«

»Es wird gegessen, was auf den Tisch kommt«, hieß es früher, und die Eltern meinten damit: Beschwer dich nicht, sondern rein damit. Bei uns zu Hause war das völlig klar.

Nicht, weil meine Brüder und ich so supergut erzogen waren, so artig. Nee, es war einfach alles lecker! Darum haben wir immer gerne reingehauen, wenn wir »zu Tisch saßen« und am *Achilen* waren, also gerade gegessen haben. Ich weiß, gibbet in Münster auch. Meine Mutter hat manchmal beim Kochen ihre Serien geguckt. Und auf einmal hörst du sie: »Och, das Essen!«

Dann ist sie zurück in die Küche gerannt und hat getrickst. Hat sie geschafft, und es war lecker.

Zu meinem Bruder Michael hat sie am Herd gesagt: »Probier mal, aber pass auf, is' heiß.«

Mein Bruder Michael macht sich 'nen Löffel voll, probiert, dabei hält meine Mutter ihm den heißen Kochtopfdeckel unters Kinn. »Aua« kam von meinem Bruder, und meine Mutter sagte nur: »Ich hab doch gesagt, es ist heiß.« Ich wollte als Kind kein Fleisch essen. Meine Mutter sagte dann immer: »Das ist kein Fleisch, das ist Braten.« Ach so … und dann hab ich das gegessen.

So einfach konnte man mir das erklären.

Mein Rezept heißt: Rheinische Muscheln

Zutaten (4 **Personen):**

1,5 kg Muscheln
300 g. Zwiebeln
1 ~~Std.~~ viertel Sellerie
1 Stg. Porree
2 Möhren
1 Tüte Muschelgewürz
Salz, schwarzer Pfeffer.
1 l. Brühe

Zubereitung: Die Muscheln gründlich waschen und die Bärte entfernen Gemüse und Zwiebeln klein-schneiden und in der Brühe weich kochen. Muschelgewürz Salz und Pfeffer dazu geben Nach Geschmack würzen! Auf kochen und die Muscheln dazu geben. Deckel drauf und köcheln lassen. circa 5-8 Min

Serviert am:

Den Gästen:

Tischschmuck:

Vorbereitungszeit: 20 Min.

Gar-/Backzeit: 10-15 Min

Sehr gut schmeckt dazu: Schwarzbrot mit Butter

Dazu trinken wir: Bier

Abwandlung:

6

Mein Rezept heißt: Käsesuppe mit Bärlauch

Zubereitung:

Die Butter erhitzen, das Mehl einstreuen und goldgelb darin durchschwitzen. Die Brühe mit der Milch unter ständigem Rühren dazu gießen. 8-10 Min. köcheln lassen. Käse und Sahne hineinrühren und die Suppe mit Salz Pfeffer und Muskat würzen. Unter Rühren etwa 2 Min köcheln lassen, bis der Käse geschmolzen ist und sich alles verbunden hat. Dann die Suppe mit Bärlauch bestreuen

Zutaten (4 **Personen):**

30g. Butter
25g. Mehl
1/2 l. Fleischbrühe
1/4 l Milch
150gr geriebener Edamer oder Gouda
gut 1/8 l. Sahne
Salz. Pfeffer
abgeriebene Muskatnuß
3 Eßl. getrocknetes Bärlauch

Vorbereitungszeit: 10 Min

Gar-/Backzeit: 10 Min

Sehr gut schmeckt dazu: Baguett

Dazu trinken wir:

Abwandlung: Statt Bärlauch, Petersilie

Serviert am:

Den Gästen:

Tischschmuck:

5

Mein Rezept heißt: Überbackene Maultaschen

Zutaten (3 Personen):

300gr Brokkoli
6 Maultaschen
1 Btl Fix für Nudel-
Hackfleisch Gratin
100 ml Schlagsahne
1-2 Eßl. Tomaten-
mark. 50g geriebenen
Käse.

Zubereitung:

Brokkoli waschen und in kleine Röschen teilen. Maultaschen in eine gefettete Auflaufform legen. Brokkoli darauf verteilen
Beutelinhalt Fix in 150 ml kaltes Wasser und Sahne einrühren. und aufkochen lassen Tomatenmark unterrühren. Sauce über die Brokkoli und Maultaschen gießen Mit Käse bestreuen. Im vorgeheizten Ofen ca. 25-30 Min backen

Serviert am:

Den Gästen:

Tischschmuck:

Vorbereitungszeit:

Gar-/Backzeit: E 200°C / U 175°

Sehr gut schmeckt dazu:

Dazu trinken wir:

Abwandlung:

28

Mein Rezept heißt: Sahneschnitzel

Zubereitung:

Die Schnitzel in 3 Teile schneiden, Zwiebeln schälen halbieren u. in Scheiben schneiden. Zwiebeln goldgelb anbraten. Vorher salzen und pfeffern. Schnitzel [illegible] Salz u. Pfeffer [illegible] von beiden Seiten kräftig braun braten. In einer Auflaufform in Schichten Fleisch und Zwiebeln mit Sahne legen und mit gerebeltem Thymian würzen. Alles muss mit der Sahne bedeckt sein über Nacht in den Kühlschrank stellen. [illegible] Stunden ziehen. in einen kalten Backofen stellen und 2 1/2 Stunden bei 150° backen

Zutaten (Personen):

- 5-6 Schnitzel
- 4-5 Zwiebeln
- Butterschmalz zum Braten
- Pfeffer gebrochen
- Thymian, Salz
- 300 ml Sahne
- [illegible]

Vorbereitungszeit:

Gar-/Backzeit: 2 1/2 Stunden

Sehr gut schmeckt dazu:

Dazu trinken wir:

Abwandlung:

Serviert am:

Den Gästen:

Tischschmuck:

21

Mein Rezept heißt: Eierlikör hausgemacht

Zubereitung:

Sämtliche Zutaten mit dem
Mixer in einer runden Schüssel
schlagen. Sobald die Masse
steigt, eine kleine Flasche Weinbrand
oder Korn hinzugeben, kurz
untermixen. Der Likör hält
sich ~~monatelang~~. 4 Wochen
Man kann auch Kirschwasser
oder Rum verwenden, sowie
2-3 Eßl. Kakaw oder geraspelte
Schokolade
Speisestärke mit dem Weinbrand
anrühren und in die Flüssigkeit
geben

Zutaten (Personen):

6 Eigelb
6 gehäufte
Eßl. Puderzucker
1 Vanillezucker
oder geschabtes
Vanillemark
1 kl. Fl. Weinbrand
3 l Speisestärke

Vorbereitungszeit: 30 Min

Gar-/Backzeit:

Sehr gut schmeckt dazu:

Dazu trinken wir:

Abwandlung:

Serviert am:

Den Gästen:

Tischschmuck:

Mein Rezept heißt: Umgedrehte Kirschtorte

Zubereitung: Folie über eine umgedrehte Springform legen und die Seiten an den Rand festdrücken. Die Folie in die Springform legen und den Boden fetten. Kirschen abtropfen lassen und in die Form geben. 1/4 l Kirschsaft u. 100 gr. Zucker zum Kochen bringen. 6 gestr. EL Mondamin in wenig kaltem Wasser anrühren, den Saft damit binden und über die Kirschen gießen. 80 g Butter, 160 gr Zucker, Vanillezucker, 2 Eier, 100 gr Mondamin, 80 g Mehl, 3 gestr. Kl. Löffel Backpulver zu einem Rührteig verarbeiten, ev. Milch hinzufügen und den Teig über die Kirschen geben. Den Rost auf den Boden des Ofens schieben, die Form daraufsetzen und im vorgeheizten Ofen 60–70 Min backen. Den Formrand lösen, die Torte ca. 10 Min abkühlen lassen und auf eine Platte stürzen.

Zutaten (Personen): Alufolie oder Backpapier, 500 gr frische entsteinte Kirschen oder 1 Glas Sauerkirschen, 1/4 l Kirschsaft, 100 gr Zucker, 6 gestr. Eßl. Mondamin, 80 gr Butter, 160 gr Zucker, 1 P Vanillinzucker, 2 Eier, 100 gr. Mondamin, 80 gr Mehl, 3 gestr. Kl. Löffel Backpulver, event. 3 EL Milch

Vorbereitungszeit:

Gar-/Backzeit: 60–70 Min 175°–200°

Sehr gut schmeckt dazu:

Dazu trinken wir:

Abwandlung:

Serviert am:

Den Gästen:

Tischschmuck:

Ich bin gefragt worden, welches Essen typisch sei fürs Ruhrgebiet. Boah, Leute, das ist schwer.

Denn wenn es das anderswo auch gibt, wie typisch kann es sein? Vielleicht in dem Sinne, dass wir es oft und gerne essen.

Wir Ruhris haben lieber Hausmannskost als Sternefraß. Ja, wir mögen die einfachen Sachen, da sind wir etepetete. Kartoffelsalat, Frikadellen, Grünkohl, Kroketten, Graupensuppe, Koteletts mit Zwiebeln, Apfelpfannkuchen, Currywurst mit Pommes: Das sind unsere Spezialitäten. Und wir gehen auch gerne zum Türken »dönieren« oder ’ne ordentliche Pizza mit doppelt Käse essen. Gyros geht auch immer. Schön Tsatsiki drauf, damit die ganze Kneipe was davon hat.

Auch beim Thema Haushalt gibt es ein »Früher« und ein »Noch-Früher«. Damit meine ich die Kittel-Ommas. Kennt ihr die auch? Schön in geblümter Küchenschürze oder Haushaltskittel, die Übergänge waren da fließend, stand sie am Herd. Und es war jedem klar, dass das ihr Reich war. Weil sie es so wollte. Wenn sie gerade nicht Frühstück, Mittagessen oder Abendbrot machte, hatte sie trotzdem in der Küche zu tun. Zum Beispiel Bütterken schmieren.

Wenn die Kurzen die inne Schule essen und die Eltern auffe Arbeit, dann heißen die »Karros«. Oder »Mückesmäckes«, wenn das Butterbrot in kleine Stücke geschnitten wird, um es mit der Gabel zu essen. Lecker, immer rein damit in die Futterluke.

Ein belegtes Brötchen hat übrigens eine doppelte Bedeutung.

So sagen wir auch nett gemeint zu einer Person, die verheiratet ist oder in einer Beziehung.

So, mit Ommas verbinde ich auch, dass die gerne handfest sind, im Gelsenkirchener Barock leben und 'nen Orientteppich unterm Esstisch liegen haben. Vor allem aber stehen sie in der Küche, wo ja auch immer was erledigt werden will. Einkochen, ha, gutes Beispiel! Koffer voll, Regale voll, Keller voll: Im Ruhrgebiet wird eingekocht, was das Zeug hält. Marmelade, Apfelkompott, Bohnen, Pfirsiche, Birnbäume, einfach alles. Abgefüllt in Einmachgläser – nur gültig mit Gummi, Deckel und Klammern – und luftdicht verschlossen, wurden die dann im großen Topf erhitzt. Dann hat Omma (oder auch Tante) ihre Topflappen mit Karomuster beiseitegelegt und zufrieden ein Etikett mit Blümchenrand aufs Einmachglas geklebt. Was drin ist. Datum drauf.

Das hatte immer was von »für schlechte Zeiten«, die dann aber zum Glück nicht kamen.

Ich muss dazusagen, dass es auch Eingemachtes aus der Flasche gibt. Bier, genau, mit Bügelverschluss. Typisch für den Pott ist auch Panhas am Schwenkmast. Das ist gebratenes Einerlei in der Pfanne. Was für ein Fleisch da mit drin ist? Dreimal darfst du braten. Haha.

Aber Achtung, Panhas am Schwenkmast bedeutet im hiesigen Sprachgebrauch auch:

»Gleich gibt's Ärger!«

Drum Vorsicht bei der Aussage: »Ich hätte gern …«

Du solltest wissen, zu wem du das sagst.

Aber zurück zu meiner Mutter Doris, der besten Köchin aller Zeiten und des Universums.

Jau, bei meiner Mutter war Kochen und Backen ein großes Glück. Darum habe ich hier (siehe Seite 88 ff.) auch ihre Kochrezepte abgedruckt. Sie hat mir daraus sogar ein eigenes Buch gemacht.

Mit 22 Jahren bin ich zu Hause ausgezogen. Bis dahin wurde ich verwöhnt. Dann bin ich mit meiner Frau Anke zusammengezogen. Die hat alles gegessen, sogar Schmand.

Allein das Wort »Schmand« bringt mich dazu, es nicht zu essen!

So, jetzt zu unserer Hauptspeise, der Currywurst. Klar kommt die aus dem Pott, woher denn sonst?! Punkt. Die kriegst du im Ruhrgebiet an jeder Ecke, in ranzigen Buden oder schicken Läden. Und die ist auch fast überall lecker. Klar hat die Kultstatus, kultiger kannst du gar nicht satt werden. Sogar Herbert Grönemeyer hat ein Lied darüber gesungen. Geschrieben wurde es übrigens unter anderem auch von Diether Krebs. Genial. Herbert Grönemeyer hat in Bochum auch zwei beliebte Imbisse direkt vor der Tür: das Bratwursthaus im »Bermuda3eck« und den Bergbau-Grill gegenüber dem Bergbau-Museum. In Herne bei »Die Currywurst« soll es die schärfste der Welt geben. Die Soßen haben verschiedene Schärfegrade, da werden frische Habanero-Chilis beigemischt. Muss man so mögen. Danach haste ordentlich Zug am Auspuff. Mittlerweile gibt es auch Varianten wie Currywurst am Spieß, Currywurst als Döner oder Low-Carb-Currywurst.

Übrigens, aus Duisburg kommt Birgit Fritsche, die im Guinnessbuch der Weltrekorde steht, weil sie die schärfste Currywurst gegessen hat. Also weltweit. Ich habe sie kennengelernt und mal probiert. Nicht so scharf wie der Rekord, aber vier Flaschen Kakao und mehrere Toastscheiben gingen in Rekordzeit danach runter, sonst wäre es vorbei gewesen. Nee, für mich geht die nur klassisch, ohne Schnickschnack. Mit Pommes.

Und als »Schimanski-Teller« oder »Manta-Platte«: mit Ketchup und Mayo auffe Pommes.

Jetzt mein Geheimtipp: Die beste Currywurst im Pott gibt's im Lohrheidestadion bei der SG Wattenscheid 09. Megalecker vom verrauchten Holzkohlegrill. Genau mein Geschmack.

Da fällt mir ein, im Lohrheidestadion habe ich als Jugendlicher nie Eintritt bezahlt. Wie kann man einen Bauarbeiterzaun über drei Jahre dahinstellen. Sind wir halt drübergehüpft.

Wenn lau, dann jau! Für uns war »für lau« normal. Zum Beispiel beim Straßenfest: Einer ist hingegangen und hat 'ne Biermarke geholt. Welche Farbe ist dran? Gelb. Was steht vorne drauf?

Groß oder klein geschrieben, schräg oder normal? Alles klar. Dann wussten wir, wo man sich diese Rollen holt. Und dann haben wir uns schön Bier getrunken. Wenn ein Stempel auf dem Bon war, hatten wir auch einen dabei. Da stand bei uns zwar tralala hoppsassa drauf, scheißegal. Da hat doch keiner drauf geachtet, ob das jetzt genau der richtige Stempel ist, bisschen verrutscht, passt, danke schön. Wir haben die Bons ja auch nicht umgetauscht. Wir haben die zu Ende gesoffen, hehe. So haben wir überlebt. Das ist nicht asozial gemeint, aber man hat sich einfach keinen Kopf gemacht, das war bei uns völlig normal.

Und dann erst mal 'ne Currywurst. Für lau? Na komm, wir hatten doch Bons …

Lecker Angrillen in Merhoog. © Archiv Markus Krebs

KAPITEL 11:

Nachbarn sollten Freunde sein

Wenn man in einer großen Stadt lebt, sind die Nachbar:innen vielen scheißegal. Das ist bei mir zum Glück nicht so, ich sehe vieles aber auch nicht so eng. Ich habe ja lange in einer WG gewohnt. Da sind deine Nachbar:innen auch deine Freund:innen. Das ist natürlich optimal. Ich war eh der Hauptmieter, konnte also laute Musik hören. Und wer will schon von einem Freund rausgeschmissen werden? Es haben dort Hunde, Katzen und ich weiß gar nicht wie viele Menschen gewohnt; mir kamen manchmal Leute entgegen, die hatte ich noch nie gesehen.

Irgendwann war es dann auch gut mit WG-Leben, und ich suchte mir eine eigene Bleibe. Hörte natürlich weiterhin laute Musik. So wurde immer wieder mal, ich tippe mal mit einem Besenstiel, drüber auf den Boden geklopft. Ich konnte das aber wegen der lauten Musik schwer hören, und im Takt war es auch nicht. Irgendwann hing ein Zettel im Hausflur, dass das mal ein ruhiges Haus war und wer sich durch die Musik auch gestört fühle, der solle bitte unterschreiben. Ich war der Erste, der unterschrieben hat. Ein Tag später war der Zettel weg. Dann war das auch erledigt. Aber Rücksicht habe ich seitdem genommen und bin durch die Tour eh selten dort. Außerdem hat mein Nachbar noch zwei Skelette von Halloween im Fenster hängen. Und wir haben mehrere Kitas in unserer Gegend. Das kann ich mit Musik gar nicht aufholen. Weiß auch nicht, ob das typisch Ruhrpott ist.

Jetzt macht meine Freundin Jacky dort die Musik. Aber etwas leiser. Das Wichtige ist: Wenn man sich sieht, ist man freundlich und tickt nicht gleich aus. Ich mag so etwas. Gerade in einer Großstadt sollte man mehr auf die Nachbarschaft eingehen und sich gegenseitig unterstützen. Wenn geklopft wird, weiß ich wenigstens: Es ist alles in Ordnung. Und wenn man mit der Treppe dran ist, hat man sich oft so verquatscht, dass man die Treppe vergessen hat. So entstehen auch Teile meines Programms.

Die Wohnung in Duisburg habe ich, wie gesagt, immer noch, bin aber mit Jacky in ein kleineres Städtchen am Niederrhein gezogen. Hier passt man besser aufeinander auf, was ich zu Anfang als Neugierde empfand. Liegt vielleicht auch ein bisschen Wahrheit drin, aber man gewöhnt sich schnell daran, und es gibt einem schon ein gutes Gefühl, dass alles »unter Kontrolle« ist.

Aber ich habe ein Jahr gebraucht, um das Gefühl zu haben: Jetzt bin ich richtig eingezogen. Da erst bin ich für mich angekommen. Auch, weil ich diese Ruhe auf dem Land nicht haben konnte. Ich war die nicht gewohnt. Die Ruhe war mir einfach zu still. Und sie hat mich nervös gemacht. Hier stimmt was nicht, dachte ich. Im Keller geht auf einmal die Heizung an.

Ich direkt runter mit der Waffe, also einem Pfefferspray. Den ganzen Tag bin ich im Haus hin und her gelaufen, um zu gucken, ob irgendwer einbricht.

Ich habe schon zu Jacky gesagt: »Kannst du mal hupen?«

Einfach, um mal ein Geräusch zu hören.

Bin ich froh, wenn sich bei uns zwei Tauben auf dem Balkon fetzen. Das klingt so schön. Es gibt eine Facebook-Gruppe unseres Ortes. Da wurde in der Anfangszeit sogar reingeschrieben:

»Schon gehört? Markus Krebs soll hier im Dorf wohnen. Es könnte sein, dass eine MSV-Fahne im Garten hängt.«

Man hatte mich also erwischt. Nicht schlimm.

Ich finde es sehr schön hier. Und ja, der Ort heißt Mehrhoog.

Wenn es zu windig wird, wird meine Fahne auf den Boden gelegt. Meine Nachbarin Andrea füttert die Katzen, wenn wir auf Tour sind.

Es wird sich um alles gekümmert. Es gibt Schlimmeres.

Eines Abends in der Corona-Zeit, als sich noch nicht wieder alle treffen durften, wurde es im Ort trotzdem gesellig. Alle saßen draußen. Wir haben in unserer Einfahrt die Tonne in die Mitte gestellt und Stühle drum herum. Bei den anderen war's ganz ähnlich, jede:r blieb vor dem oder am eigenen Haus. Auf einmal kam von irgendwoher das Steigerlied, in das mehr und mehr Nachbarn einstimmten und das am Schluss von allen zusammen lauthals gesungen wurde.

Ein bisschen Ruhrpott ist also auch hier. Mein persönliches Highlight aus Mehrhoog ist aber, wie ich mich über den Klingelton vom Eiermann lustig gemacht habe.

Der kommt jeden Freitag und hat immer dieselbe Musik. So erkennt man sofort: Er ist es, also hin. Ich habe die Musik aufgenommen, oldschool mit 'nem Kassettenrekorder. Und den habe ich dann über einen Lautsprecher in der Siedlung abgespielt, an einem Mittwoch!

Und dann standen die Leute auf der Straße mit ihren Taschen und haben auf ihn gewartet …

Weil ich mich dafür so küssen konnte, erzähle ich es auch auf der Bühne.

Wochen später komme ich – freitags – raus und sage zu ihm: »Mach mal zehn Eier.«

Da guckt der Eiermann mich so an und sagt: »Ich hab gehört, ich bin in deinem Programm.«

»Das ist richtig.«

»Find ich gut!«

Das feiert der Eiermann wie nur was. Der kommt jetzt immer bei uns vorbei und macht die Musik extra laut, obwohl er gar nicht hält.

Ich liebe Mehrhoog.

Entspannte Gartenarbeit in Merhoog. © Archiv Markus Krebs

KAPITEL 12:

»Sei zu Hause, wenn die Laternen wieder ausgehen«

Am Anfang des Buches habe ich ja schon erwähnt, dass Weihnachten immer sehr schön war, und eigentlich habe ich immer das bekommen, was auf dem Wunschzettel stand. Vorher gab es aber auch noch Hinweise. Ich habe zu meiner Mutter in den Achtzigerjahren gesagt:

»Zwei-Streifen-Schuhe, das geht nicht. Die werden verprügelt, die Schüler, die das anhaben.«

Also, es musste *Adidas* sein. Wobei meine Mutter schon gefragt hat, was die kosten.

Etwas später hatte ich sogar Domanis. Meine Mutter ist ausgeflippt, als ich mit denen über Schotter gelaufen bin. 269 Mark. Und das Erste, was ich mit den Stiefeln machte: Ich lief über Schotter. Weil die nicht neu aussehen durften.

»Markus, bist du bescheuert? Die neuen Schuhe!«

»Die dürfen nicht neu aussehen, Mutter, glaub mir das.«

Das ist ja heute immer noch so, zum Beispiel bei Chucks.

Mutter war immer für uns da. Vater war zwar anwesend, aber durch seinen Schichtdienst nicht immer da. Meinen Vater habe ich, glaube ich, die ersten zehn Jahre mehr schlafend als wach gesehen. Aber trotzdem war immer etwas los. Wir hatten eigentlich immer die Bude voll und selbst Weihnachten fremde Leute da. Meine Eltern waren einfach sehr sozial und gesellig. Sie haben später sogar zusammengearbeitet und behinderte Kinder zur Schule gefahren.

In meinem Elternhaus ging's herzlich und locker zu.

Meine Mutter hat es immer so gesagt: »Sei zu Hause, wenn die Laternen wieder ausgehen.«

Wirklich, meine Eltern haben alles zugelassen, was wir mitnehmen konnten. Ich durfte alles.

Freunde haben mich zu Hause besucht, Tag und Nacht. Es war völlig normal, dass die ständig da waren. Der Nächste schellte an, meine Mutter öffnete die Tür.

»Ja, der Markus ist hinten.«

Und da waren wir bestimmt schon 20 Leute im Zimmer.

Wenn man in seiner Vergangenheit herumkramt, erinnert man sich an so vieles. Es ist aber nichts dabei, wofür ich mich schäme oder sagen würde: Da waren sie drüber, oder das war nicht richtig von meinen Eltern. Es gibt keine Situation, von der ich behaupten würde, dass sie scheiße war oder dass sie da falsch reagiert haben. Daran kann ich mich wirklich nicht erinnern. Da war alles völlig in Ordnung. Vater Peter weiß genau, was Richtig und Falsch ist.

Er wurde von seinem Vater noch strenger erzogen. Das war aber eine andere Erziehungszeit, und genau das wollte er für uns nicht haben. Peter hat sich immer gegen seinen Vater gewehrt, der strenger war. Das hat mein Opa aber auch irgendwann sein gelassen, weil er gemerkt hat: Es bringt nix. Und so sind mein

Vater und sein Bruder Franz-Josef sehr locker aufgewachsen. Das merkt man, sie sind beide sehr witzig. Ich wusste auch immer, ich kann mich tausendprozentig auf meinen Vater verlassen. Aber er hat so seine Macken. Das sind seine Kinder, ok, die dürfen alles. Andere durften es nicht.

Mein Vater hat Elektriker gelernt, das kann er sehr gut. Dann ging er zur Bundeswehr, erst als Sanitäter. Aber selbst in der Kaserne, wenn er darüber erzählt, scheinbar nur Spaß gehabt. Mein Vater war immer einer mit 'ner große Klappe.

So hat er den Kommandeur der Kaserne kennengelernt und ist zu seinem Chauffeur aufgestiegen. Fahren, statt marschieren zu müssen: Vater hat das alles im Griff gehabt. Er durfte auch an den Essen seines Chefs teilnehmen. Und die sind nicht zur Pommesbude gefahren. Wenn der Kommandeur schon vier Sterne auf der Schulter hat, dann will er die auch im Restaurant sehen.

Aber schon in jungen Jahren wussten mein Bruder Michael und ich: Wir gehen nicht zur Bundeswehr. Uns war klar, wir lassen uns nichts sagen. Das haben wir wohl von unserem Vater, hö. Auch ich wusste ganz genau: Vor mir steht keiner, der sich verpflichtet hat, und schreit mich an. Und ich geh nicht ins »Café Viereck«, nur weil ich meine Meinung habe. »Café Viereck« ist der Knast in der Kaserne. Das war meine freie Entscheidung und für meinen Vater völlig in Ordnung. Mein Zivildienst war schön. Die Hilfe machte für mich Sinn. Wenn mal ein Richter zu mir sagen würde:

»Sie müssen …« Dann ist das so.

Aber ansonsten bin ich einfach nicht gut darin, mir Dinge sagen zu lassen.

Mein Vater hat schon in der Grundschulzeit zu mir gemeint: »Wenn dir einer auf den Sack geht, wehr dich, du darfst hauen.«

Und meine Mutter: »Pimok, das ist sein Spitzname, erzähl dem Kind nicht so einen Blödsinn.«

Aber er hat dazu gesagt: »Nur wenn du im Recht bist, Markus. Wenn du dann einen mitkriegst, weil du Scheiße gebaut hast, bist du selbst schuld.«

Meine Schulzeit habe ich sehr locker genommen. Wenn es drauf ankam, habe ich es schon hingekriegt. Ich habe es geliebt, mich so zu verhalten, wie ich das wollte.

Meine Mutter hat dazu nur sagt: »Der Jung macht das schon.«

Ich hatte keine Grenzen, was ich zu denken habe. Ich habe nur gelernt zu unterscheiden, ob etwas positiv oder negativ ist. Es musste halt gerecht sein.

Und dann habe ich die Lehre als Groß- und Außenhandelskaufmann angefangen und mit einer Note von 1,8 abgeschlossen. Weil mir das Spaß gemacht hat.

Und wenn du den Rest auch noch wissen willst:

Nach dem Zivildienst habe ich bei *Marktkauf* als Verkäufer angefangen, wurde dort Substitut, dann Leiter des Gartencenters. Danach bin ich zum Duisburger Baumarkt *Götzen* gewechselt, wo ich auch Gartencenterleiter und stellvertretender Baumarktleiter war. Und die sind dann pleitegegangen.

Ey, nicht wegen mir.

Auch meine Mutter hat mir nichts verboten. Weil meine Mutter meine Omma Gustl hatte. Und Omma Gustl war so, dass sie zu der Zeit, als in der Schule noch geschlagen werden durfte, einen Lehrer am Wickel hatte und ihm deutlich gemacht, einmal meine Tochter hauen, dann war es das für dich. Ich glaube, weil ich so locker aufgewachsen bin, das hat zu meinem Humor geführt.

Da fällt mir nur ein Wort ein: Danke.

KAPITEL 13:

Vadders Schrebergarten Eden

Egal, wie viele schöne Ausflugsziele das Ruhrgebiet bietet – das Paradies ist der Schrebergarten.

Umgeben von Mehrfamilienhäusern, die irgendwann nicht mehr auffallen, kann man durchatmen, ausruhen, bisschen Gartenarbeit und dann sein selbst angebautes Gemüse genießen. Weltklasse. Man sitzt zusammen, man grillt, man fachsimpelt. Sollen wir hier 'ne Hecke pflanzen? Oder was ist mit 'nem Brunnen? Zwischendurch wird ein anderes Gartenvereins-Mitglied befragt:

»Ewald, wie isset?«

»Bernie, ich komm gleich ma.«

Herrlich.

Wo findet sonst eine Feier statt, wenn das neue Toilettenhäuschen eingeweiht wird?

Früher war hinter dem Vereinshaus eine Sickergrube, darum haben sich die Kleingärtner aus städtischen Mitteln und mit Geld des Vereins eine ganz neue Sanitäranlage gebaut.

Es wurde also tatsächlich eine Feier ausgerichtet.

Nur zur Eröffnung des Toilettenhäuschens. Und mein Vater hat bestimmt 20 Führungen durch die Toilette gemacht!

»Die ganze Elektrik hier«, mein Vater deutet stolz durch den Raum, »hab ich gemacht.«

Darauf sagt Kleingärtner Werner: »Das mit den Fliesen ist ja super. Schön gleichmäßig, das Silikon.«

Mein Vater nickt zufrieden. »Woran wir erst hinterher gedacht haben: an die Trennwand dazwischen, hier Männer und da Frauen. Denn genau hier ist der Abfluss für das Urinal. Das ging nur hier. Auf der anderen Seite wohnt ja schon einer dran, da hätte man sonst wieder in die Sickergrube gehen müssen …«

Und ich steh da so neben ihm: »Ach guck mal.«

»Die Elektrik, alles ich. Wenn du hier spülst … läuft.«

»Vater, klasse.«

Mein Vater war zu dieser Zeit erster Vorsitzender. Meine Mutter hat das gehasst. Auch weil das sonst keiner machen wollte. Wenn er heimkam, hat sie gewettert:

»Pimok, bist du nicht oft genug im Schrebergarten? Musst du dir jetzt den Mist auch noch antun?«

»Ja, ich kann aber einteilen, wer was zu tun hat«, sagte er.

Er war da wirklich in seinem Element. So sehr, dass er durch die anderen Gärten stolzierte und auf einmal ganz genau hinschaute.

»Guck mal hier, wegen dem Unkraut, ich sag's nur, ne, falls Gäste kommen …« Poh, das hatte er vorher nie gemacht. Sonst war er für alle immer ganz normal »der Peter«.

»Vater«, habe ich gesagt, »lass uns hier einfach nur schön sitzen beim Bier.«

Im Schrebergarten haben wir uns auch immer gerne zum Fußballgucken getroffen. WM-Spiele zum Beispiel. Und ja, wir waren schon sehr laut. Wir hatten eine Satellitenanlage, was bedeutet, dass bei uns ein Tor immer 30 Sekunden früher fiel als bei den anderen, die Kabel haben. Die Anwohner drum herum haben im Sommer die Fenster zugemacht, damit sie unseren Jubel nicht hören mussten. Und dann haben wir das manchmal extra gemacht:

Jubelschreie einfach so. Und die schauten von oben:

»Hm, was gucken die denn für ein Spiel?«

Manche haben ein Holzhaus, manche ein Steinhaus auf ihrer Parzelle.

Als wir ein neues Häuschen auf unser Grundstück gebaut haben, hat mein Vater alles exakt abgemessen, weil er genau wusste: Zehn Zentimeter weiter, und es kommt nachts irgendein Drecksack, der es überprüft. Die achten alle ganz genau aufeinander, sind halt alles kleine Zaunkönige. Aber mein Vater hat es tatsächlich so präzise hingekriegt, dass ihm keiner was konnte. Die Vorschriften für Schrebergärten sind besonders deutsch.

Wir haben zum Beispiel einen Weg zum Gartentor, der aus Beton und fast einen Meter breit ist.

Das ist nicht mehr erlaubt, wenn du den Weg neu anlegst. Einer wollte meinen Vater deswegen anzeigen. Dabei hat sich aber herausgestellt: Was seit Jahren liegt, brauchst du nicht wegmachen. Wenn wir das Grundstück jetzt aber verkaufen würden, müssten wir den neuen Besitzer darauf aufmerksam machen, dass er diesen Weg neu machen muss. Bekloppt. Aber so ist es.

Der Schrebergarten gehört halt im Ruhrgebiet dazu. Kein langer Anfahrtsweg, du bist sofort da. Noch heute hat mein Vater seinen Knobelclub da, und meine Mutter trifft sich mit den »Damen« zum Rommé.

So muss dat sein.

KAPITEL 14:

Wenn ich ein Bild gerade rücke, fällt's runter

Wenn du als Mann aus dem Ruhrgebiet kommst, musst du handwerklich was draufhaben.

Vieles muss erneuert werden, verändert oder sieht einfach Scheiße aus.

Zum Glück habe ich da große Vorteile. Ich kann schweißen. Weil ich diese Geräte vorgeführt habe, in meiner Ausbildung. Und auch sonst bin ich ein technisch sehr begabter Ruhrgebietsjunge.

Wir haben in unserem Wohnungsflur mal neuen Laminat gelegt. Was aber dazu führte, dass die Haustür über den Boden geschliffen hat. So richtig aufgekriegt hat man die auch nicht mehr.

Markus, habe ich mir gesagt, da musst du ran. Also habe ich die Haustür ausgehängt. Die war aus ziemlich dickem Holz. Markus, habe ich mir gesagt, du weißt, was zu tun ist.

Mit der Stichsäge kam ich kaum durch. Markus, habe ich mir gesagt … Mist.

Trotzdem wurde ich irgendwann fertig. Nur, wenn du jetzt im Treppenhaus hochkamst, konntest du in unsere Wohnung gucken. Ich hatte wohl zu viel abgesägt. Das fiel auch meiner Frau Anke auf, als sie nach Hause kam.

»Was stimmt denn hier nicht?«
»Ja, aber die schleift nicht mehr übers Laminat.«
»Hier kann doch jeder reingucken!«
»Ich habe meinem Vater schon Bescheid gesagt, der holt was.«

Er hat so eine Leiste Besenborsten mitgebracht, die haben wir dann unten drangekloppt.

Habe ich behauptet, ich sei technisch sehr begabt? Also ehrlich gesagt, muss ich zugeben: Ich bin als Handwerker so gut wie Godzilla als Klavierspieler.

Ehrlich wahr, wenn ein Bild schief hängt, wüsste ich genau: Wenn ich es gerade rücke, fällt's runter.

Das ist sogar mal passiert, ohne dass ich meine Finger daran hatte. Es ist eine schöne Ankedote … nee … Anekdote mit meiner Ex-Frau.

Wir hatten ein Bild an der Wand über unserem Bett hängen. Das fiel nachts auf einmal runter. Und ich habe wohl im Schlaf gedacht: ein Erdbeben! Also habe ich mich auf meine Frau geschmissen, weil ich sie beschützen wollte. Dabei habe ich aber weitergeschlafen mit meinen, naja, 110 Kilo. Und sie wog so knappe 60.

Sie hat mir richtig einen reingeknallt: »Geh runter von mir, du fettes Stück!«

Davon wurde ich wach, und Anke war tatsächlich kurz vorm Ersticken.

Gut, klar, sie hatte es nicht immer leicht mit mir.

Aber ich wollte sie doch nur beschützen.

Die Pointe ist: Es war tatsächlich ein Erdbeben. Das kam von der Eifel her, und wir haben es bis Duisburg gemerkt. Es war schwach, es ist nicht viel passiert.

Außer eben … Anke.

Auch meiner jetzigen Freundin ist irgendwie direkt aufgefallen, dass meine handwerklichen Fähigkeiten sehr beschränkt sind. Jacky kommt aus dem Schlafzimmer raus und sieht, wie ich an der Badtür rumhantiere. Auf einmal, ups, kommt mir die ganze Tür entgegen. Ich lasse alle Werkzeuge fallen und glotze Jacky nur an.

»Markus, was machst du da?«

»Ich mache einen neuen Holzkeil unter die Tür, weil der Rotzige den anderen weggehauen hat.«

»Der Rotzige« ist mein Kosename für unsere Katze Micky. Die Badtür darf nicht zu sein, weil die Katzen dann nicht mehr auf ihr Klo können. Drum schiebe ich einen Keil drunter, damit die nicht zufallen kann.

Jetzt ist aber oben an der Tür der Sicherungsring nicht mehr dran gewesen. Und als ich unten den Keil reinhaue, fährt die Tür hoch und kippt aus den Angeln raus. Die musste mir ja entgegenkommen. Und Jacky schaut mich so an, als hätte ich alles falsch gemacht.

Sie wollte sogar ein Foto von der Szene machen, was ich aber als nicht witzig abgelehnt habe.

Ich kriege es nicht hin, ein Bild anzubringen, das gerade hängt. Ich kann es einfach nicht.

Darum benutze ich auch lieber keinen Bohrer, sondern hau überall nur Nägel rein. Scheißegal, wie die Wand hinterher aussieht. Du kannst also gut erkennen, dass ich es mehrere Male versucht habe, weil da oben mehr Löcher als im Käse sind. Manchmal gehen meine Nägel nicht in die Wand, weil darin ein Kabel verläuft. Dann schnappe ich mir dieses Ding, Leitungssucher, der mir anzeigt, wo genau die Kabel langführen. Aber mal ehrlich, das Ding zeigt immer irgendwas an. Also haue ich einfach direkt alles in die Wand. Und wenn es blitzt, weiß ich doch auch: war halt ein Kabel.

Doch einmal war Jacky so begeistert von mir: Ich habe ein Regal angebracht, und es hing. Gerade! Ich stand davor und habe geheult vor Glück. Es hängt bis heute. Ich sollte Besichtigungen durchführen.

Ich habe aber auch zur Zeit mehrere Sachen, die sich ein Elektriker mal angucken sollte.

Darum habe ich aber auch viele Feuerlöschsprays. Die stehen überall, wo es brennen könnte.

Die großen Feuerlöscher habe ich auch, bestimmt fünf oder sechs Stück im Haus verteilt. Und trotzdem habe ich einen Busch im Garten abbrennen lassen. Also, ich war schon rechtzeitig draußen mit einem Feuerlöscher. Aber ich musste doch erst noch die Gebrauchsanweisung lesen.

Ja nun, man muss doch erst mal verstehen, wie die Dinger funktionieren. Der Busch brannte einfach weiter. Es war schon nicht mehr viel Grünes zu erkennen.

Und dann kamen die Nachbarn gucken. »Brennt's?«

»Nee, wir sind Indianer und unterhalten uns.«

Auf einmal fiel Jacky ein: »Wir haben 'nen Schlauch!«
Meine Ex-Freundin Granny holte diesen.
So hat's doch noch geklappt mit dem Löschen.

Ich habe eben zwei linke Hände.

Es hat auch gedauert, bis ich unseren Kamin kapiert habe. Meine Managerin Steffi wünscht sich seit Jahren einen offenen Kamin. Jedes Mal, wenn sie bei uns ist, fragt sie, ob wir unseren mal anmachen können. Gerne. Wenn ich wüsste, wie das geht.

Steffi konnte es nicht fassen und hat's mir beigebracht. Jetzt gehe ich manchmal nachts runter, mache den Kamin an und sage mir: So Markus, jetzt genießt du mal dein Dasein. Ich liege auf der Couch, werde schon müde, da fällt mir ein: Es gab doch diese Nachricht, wo in einem Gartenhaus die ganzen Kinder erstickt sind. Ich springe auf, rums, Luft rein in den Kamin. Danach bin ich nicht mehr drangegangen. Trotz der CO_2-Tester, die verpackt auf dem Sims liegen.

»Es kann nichts passieren«, sagte Steffi. Von wegen. Mir schon. Sie will mich wohl loswerden, hehe. Ich bin kein Handwerker, ich bin Mundwerker.

Ich vermisse das. Diese richtig alte Eckkneipenkultur, die auch deswegen weggestorben ist, weil Politiker Langeweile hatten und Rauchverbot erteilt haben. Und das sage ich als Nichtraucher. Ich weiß, dass ich meine Jacke am nächsten Tag in die Ecke stellen kann. Klar riecht man, wo ich war. Kein Qualm im Restaurant oder öffentlichen Raum, das finde ich richtig. Aber in der Eckkneipe, wo du als Mensch einfach nur deinen Feierabend genießen willst, darüber rege ich mich auf.

Lass ihn doch, wenn er eben Raucher ist, jeder tut sich das doch selbst an. Er ist ja auch nicht da, weil er Wasser trinkt. Er trinkt ein Bier.

Aber warum verkompliziert die Politik alles für die Kneipen. Es gibt da ein paar Regelungen, da fasse ich mir an den Kopf.

Wenn du arbeitslos bist und eine Kneipe aufmachst, bekommst du vom Staat keine Unterstützung. Weil die Gastronomie ein Risikogewerbe ist. Machst du einen Puff daraus, kriegst du Geld.

Das ist doch verrückt.

Meine Kneipe »Zum Hocker« haben wir trotz Corona aufgemacht.

Und damit zum falschen Zeitpunkt, was die Unterstützung vom Staat angeht. Wir kriegen keine. Das finde ich lächerlich.

Ich sage ja immer, in die Politik gehört ein Arbeitsloser rein, eine Rentnerin, ein Behinderter und so weiter. Damit aus jeder Bevölkerungsgruppe jemand dabei ist, der mitreden kann.

Ehrlich, mir fehlen die Kneipen. In Köln klappt das noch gut, da gibt es Kneipen an jeder Ecke.

In Duisburg dagegen musst du lange laufen, um eine Kneipe zu finden. Und bitte schön, wir sind im Ruhrgebiet. Wir sind Malocher, die sich darüber freuen, an der Theke zu sitzen und ein Bierchen zu trinken. Das Angebot ist aber weg. Im Umkreis vom »Hocker« gibt es in sechs Kilometern keine weitere Kneipe. Manchmal denke ich, ich bin trotzig, und arbeite gegen das Kneipensterben an. Es ist mehr als das.

Es ist mein Traum. Mein Traum ist, und das habe ich immer schon gesagt, dass ich irgendwann eine ganz kleine Kneipe habe. Später mal, wenn ich nicht mehr auftrete.

Dann stehe ich hinterm Tresen und erzähle dort meine Geschichten und Witze.

Es gibt nur eine Reihe mit Hockern und 'ne kleine Nische, wo du Darts spielen kannst. Hinten sind zwei Toiletten, und mehr gibt's nicht. Das kostet mich etwa 250 Euro an Pacht im Monat. Jeder weiß, dass ich da bin, auf ist ab 17 Uhr, Ende offen. So stelle ich mir meinen Lebensabend vor. Das ist tatsächlich mein Traum. Wahrscheinlich habe ich an der Tür noch so einen Vorhang.

So einen, den du als Kind nicht aufbekommen hast wegen des schweren Leders. Du hast dagegengedrückt, und der schlug dir ins Gesicht zurück, weil du die Kraft noch nicht hattest.

In meiner Kneipe muss es Soleier geben, egal, wenn die im Glas aussehen wie eingelegte Augen in Horrorfilmen. Und Frikadellen werden da liegen mit 'nem Plastikhäubchen drüber. Ich kenne doch die Sprüche der Leute, die die bestellen.

»Mach mal 'ne Friko. Scharf, ne. Nicht mittelscharf, tu weg, die Scheiße. Düsseldorfer Löwensenf, der ist gut.«

Dann beißt er rein und versucht dabei zu verarbeiten, wie scharf es ist. Die Tränen laufen ihm das Gesicht runter. Aber er hat ja gesagt, es muss scharf sein. Du siehst, er hat einen Fehler gemacht.

Er sagt aber: »Nö, nö, Düsseldorfer, der ist gut.«

Ich vermisse das alles. Damit bin ich aufgewachsen.

Es gibt leider auch keine Jugendlichen mehr, die inne Kneipe gehen. Weil da kein Remmidemmi ist. Da ist keine Band, die auftritt, da ist kein DJ Dideldum, der dahin kommt.

Nee, die gehen in 'ne Shisha-Bar, das ist total geil, da kann man sitzen und rauchen. Also richtig was los …

Leute, trinkt ’n Bier, spielt Dart, Skat, am Tischkicker, haut den Knobelbecher auf den Tisch … habt Spaß!

Mein Hobbykeller ist mein Heiligtum, da schlägt das Sammlerherz höher! © Tina van den Berg

Zu kegeln, auch das macht richtig Laune. Noch in den Neunzigern hast du keine freie Kegelbahn gemietet bekommen, heute rennen sie dir damit hinterher, weil sie Umsatz nötig haben.

Früher hast du keine Kegelbahn gekriegt, wenn zu wenig verzehrt wurde. Wobei, wir haben im »Landsknecht« getrunken wie Sau, jeder von uns hat was gegessen. Trotzdem haben wir keinen neuen Termin bekommen. Was haben denn dann die anderen gemacht?

Im »Haus Kaiserberg« dagegen steht einer mit Krawatte am Empfang, und es gibt Muscheln auf der Karte. Da haben wir eine Kegelbahn gekriegt. Es war total schön, wenn auch in der feinsten Ecke von Duisburg. Da kommen wir »Assis« rein und kegeln, und die haben sich auch noch drüber gefreut. Das ist wie auf einer Party, so würde ich es vergleichen.

Da gibt es diese geile Schnitte. Die eine attraktive Frau, die immer 'ne weniger hübsche Freundin dabeihat. Die Schnitte spricht aber keiner an, weil jeder denkt:

»Die will eh nix von mir.« Weil sie eben raussticht.

Und in jeder Ecke wird getuschelt: »Boah, hast du gesehen, wie die aussieht.«

Dabei würde sie wahrscheinlich dem Ersten um den Hals fallen, der sie anspricht, nur weil sie froh ist, dass es überhaupt jemand macht.

Und so verhält es sich in einem feinen Laden. Da mietet keiner 'ne Kegelbahn, weil es dort Snob ist, weil die Suppe 30 Euro kostet. Deswegen haben wir die da gekriegt.

Okay, wir hatten nicht unsere Trainingshosen an, aber wir sind da rein, wie wir so sind, also schon in MSV-Klamotten.

Und in jeder anderen Stadt, wo du mal warst, sagst du doch nicht:

»Poh, das Museum oder Denkmal, das war super.«

Du sagst: »Da war ich mal inne Kneipe, die ist klasse.«

Wenn du dann wieder hinkommst, und es hat sich irgendwas geändert, bist du so enttäuscht.

»Ich war seit zehn Jahren nicht mehr da, aber wie können die hier umgebaut haben! Wie können die 'nen neuen Wirt haben? Das war doch zuletzt der Uli, den kenn ich doch, der war doch in Ordnung.«

So bin ich mal meinen Tourplan durchgegangen.

»Ah, in der Stadt ist die Kneipe, in der die …«

Ich wusste erst gar nicht, wie schön Koblenz ist. Denn wenn ich vom Auftritt rauskam, bin ich im Dunkeln immer die Kneipe an der nächsten Ecke gegangen. War schön mit den Einheimischen. Und am nächsten Morgen bin ich mit dem Zug direkt wieder weg. Seit ich zu meinen Auftritten gefahren werde, habe ich keinen Kontakt mehr zu den Aborigines. Wir haben ein anderes Budget, ein besseres Hotel, mehr Zeit, und ich denke auf einmal überrascht: »Och guck mal, schön hier.« Zum Beispiel in Koblenz. Aber wie gesagt, deswegen komme ich leider auch nicht mehr inne Kneipe der Städte. Und wenn du dich mit Leuten triffst, dann beim »In-Spanier«. Wo du total eng sitzt. Weil der ja *in* ist. Darum ist kein Platz in dem Laden. Du musst also erst mal jemanden rausschmeißen, um dich setzen zu können. Weshalb der dann mosert. Zu Recht.

Nun sollte man meinen, dass man in Deutschland überall offen empfangen wird inne Kneipe.

Nee, das habe ich auf meinen Touren anders erlebt. Und das lag nicht an mir. Ich kann ja Kneipe.

In Norddeutschland ist es ziemlich unterschiedlich. Der Hamburger ist bei Fremden ganz zurückhaltend. Drum war ich dort noch nie in einer Kneipe, die nicht auf der Reeperbahn war. Denen auf St. Pauli ist es egal, wer du bist und wo du herkommst.

Südlicher, in Hannover, ist es schwieriger. Dort habe ich Kneipen, in die du reinkommst und freundlich empfangen wirst, nur ganz selten gefunden.

Ganz oben am Timmendorfer Strand dagegen habe ich reingerufen: »Habt ihr auf?«

»Nee, ich steh hier aus Spaß«, sagte der Wirt, norddeutsch trocken und ohne jede Betonung ausgesprochen.

Das gefällt mir.

In Bayern ist es häufig schwer zu erkennen, ob überhaupt geöffnet ist. Entweder ist die Vordertür zu, Holz davor oder ein dicker Vorhang. Oft hat die Kneipe auf, was aber nur Insider wissen. Das Licht ist an, vielleicht macht einer sauber, ich guck mal. Da musst du tatsächlich klopfen oder hintenrum rein.

Im Ruhrgebiet ist einfach offen. Tritt ein, Freund, Fremder oder dritte Person.

So ist es auch in Köln.

Und natürlich die Sparclubs, auch Sparvereine genannt, die im Ruhrgebiet weitverbreitet sind.

Das funktioniert wie ein Sparstrumpf. Nur ohne Socken. Du sparst in deiner Kneipe regelmäßig kleinere Beträge an. Dein Geld kommt in Kästchen in den Sparschrank, und weil das andere auch so machen, sind es viele, was ein bisschen wie ein Weihnachtskalender aussieht. So gemeinsam zu sparen macht es gesellig, und die spätere Auszahlung wird gerne mal gefeiert. Vor Weihnachten zum Beispiel.

Es gibt aber auch Leute, die da richtig Geld reinlegen.

Ich habe mal das Kästchen eines Bekannten abgerechnet, der bei jedem Kneipenbesuch in der »Oase« fleißig eingezahlt hat, jede Woche 50 bis 100 Euro. Davon hat er dann seinen Japan-Urlaub gemacht. Ganz wichtig ist, ein Sparclub funktioniert nur mit drei Leuten: dem, der einzahlt, einem, der kontrolliert, und einem weiteren, der den noch mal kontrolliert.

Der Wirt sollte nicht dabei sein, damit er nicht mit dem ganzen Geld abhauen kann. Das ist schon vorgekommen und hatte sich mit 50.000 Ocken auch gelohnt. Als der zurückkam, gab's Kasalla, und dann ging es auch wieder.

In Worms habe ich immer noch einen Sparclub, meine ich.

Hoffentlich gibt's den noch.

Ich meine, nicht dass Hagen von Tronje wieder in die Stadt kommt, in der Kneipe mein Geld wegholt und wie den Nibelungenschatz im Rhein versenkt.

Weil ich Kneipen so mag, war's natürlich klar, dass ich auch mein allererstes Soloprogramm in einer gespielt habe. Anfang 2010 ist das gewesen, auf meiner Oststraße in der »Neudorfer Stube«. Mütze und Sonnenbrille hatte ich damals schon auf. Und na klar war ich aufgeregt.

Die Kneipe war rappelvoll, und das Mikro stand direkt vor den Toiletten. Das heißt, die Gäste mussten erst über uns drüberklettern, um dorthin zu kommen. Wobei das Männer-Klo außerdem noch unser Backstage-Bereich war.

Mit meiner Begrüßung damals bin ich immer noch zufrieden.

»Guten Abend. Ich bin froh, dass alle richtigrum stehen. Beim letzten Mal mussten wir die Bühne auf die andere Seite tragen.«

Das weiß ich noch so genau, weil's davon ein Video gibt.

Und mein erster Gag war: »Ich möchte kurz auf meinen Merchandise-Bereich aufmerksam machen.

Ein T-Shirt (das einfach nur schwarz war, ohne Aufschrift) kostet zehn Euro. Ist ein bisschen teuer, aber davon gehen fünf an 'nen Kollegen von mir, der kriegt noch 'n Zehner.«

Kneipenkultur vom Feinsten, ich sag's ja.

Bei dem Thema möchte ich natürlich auch unsere Trinkhallen erwähnen. Ohne dat Kiosk würde das Ruhrgebiet nicht so wie geschmiert laufen. Durchs Schiebefenster hast du vor allem Kippen, Bierflaschen, Zeitungen und Süßigkeiten wie 'ne gemischte Tüte bekommen.

Das ist in Holland übrigens etwas ganz anderes. Anne Bude, das war ein Nachbarschaftstreff, da zählte der Mensch.

»Pläuschken halten« oder »Zretten holen«, das machte man genau da.

Das gilt immer noch, nur ist ja mittlerweile mehr Hopphopp. Man genießt weniger, wo und mit wem man gerade ist. Und heute muss eine Trinkhalle begehbar sein, Luke auf als Verkaufsschalter reicht nicht mehr. Es ist ein kleiner Supermarkt geworden, der länger aufhat. Damit hat sich auch das Angebot geändert: Tempos, Ravioli, Aspirin, es ist alles dabei.

Wenn Bier auch dein Getränk ist und du mich als Auswärtiger fragst, welches Pils du dir inne Trinkhalle holen sollst: Poh, nicht so einfach, es gibt viele gute. Was für mich das beste Bier der Welt ist, dürfte bekannt sein. Ansonsten gilt: ausprobieren, ganz klar, einfach nach Geschmack gehen. Im Stadion gilt das nicht. Da ist es eine Grundsatzfrage: Veltins oder Brinkhoff – Blau-Weiß oder Schwarz-Gelb? Bist du also Schalker oder BVB-Fan?

Wobei es in Dortmund auch die Bergmann Brauerei gibt. Lecker. Beim MSV kriegst du mein geliebtes König Pilsener, beim VfL Bochum trinkst du Fiege. Und Stauder sponsert Rot-Weiß Essen.

Wenn du dein Bier aus dem Glas trinken willst, musst du richtig ausgehen. In Bochum ist das *Bermuda3Eck* – »die Partyseele vom Revier«. Das hat Frank Goosen gesagt, und da hat er recht.

Sonst hätt' ich auch gesagt: »Weiße, watte bis? Lügen tuße, das bisse.«

In Essen ist die Ausgeh- und Einkaufsmeile »Rü« beliebt, kurz für Rüttenscheider Straße. Eine Rü-Reise beginnt zum Beispiel mit Vorglühen im Irish Pub.

»Die Kokille« eignet sich zum Nachbrennen, da ist quasi Ballermann, und in der »Amphütte« werden morgens um 4 Uhr die Reste eingesammelt. Oder du genießt dann einfach noch einen Teller Schnipoma: Schnitzel, Pommes, Majo. Oder ein »Schniposa«, da hasse wenigstens noch gesunden Salat dabei.

Unterwegs mit Freundin oder Frau empfehle ich in Duisburg den »Biergarten Mühlenweide« direkt am Rhein neben der Hafeneinfahrt. Sicht und Stimmung sind dort sehr schön. Und so eine »Kneipe Cabrio«, die kann sogar ich gelten lassen.

Oder natürlich »Zum Hocker« in Duisburg Bissingheim. Biergarten, geiles Team und immer was los. Und die Besitzer sind klasse 😀.

KAPITEL 15

oder Nachwort: Ruhrgebiet, ich komm aus dir

Ich glaube, obwohl wir eine Generation später aufwuchsen, waren die jungen Jahre ähnlich denen meiner Eltern. Man war auf Partys, hat zu Hause aber nicht darüber gesprochen.

Höchstens mal: »Wie war es?«

»Gut.«

Ich weiß noch, wie oft ich auf Matratzen in irgendwelchen Kellern gepennt habe.

Habe mich mit 12 schon rumgeknutscht und wusste gar nicht, was ich da eigentlich mache. Es hörte sich an, als würden 10 Menschen mit Gummistiefeln durchs Watt laufen. Egal. Es war einfach cool.

Das Leben war einfacher, freier.

Wo ich herkomme, weiß ich genau, und darüber freue ich mich sehr. Umso mehr schaue ich darauf, wie man uns im Pott sieht. Du kannst aus jeder Region Deutschlands kommen. Aber es gibt zwei Regionen, über die anders gesprochen wird: den Osten und das Ruhrgebiet.

Sonst kannst du überall herkommen, Saarland oder was, völlig egal. Ich kannte das Saarland früher nur, weil es eine Schlagzeile in der *Tagesschau* war:

»Es wurde ein Gebiet überflutet, so groß wie das Saarland.«

Oder: »Es ist Wald verbrannt, so groß wie das Saarland.«

Das wurde in der *Tagesschau* als Größenvergleich immer so angegeben. Aber wenn du aus dem Osten oder dem Ruhrgebiet kommst: musst du dich immer ein bisschen erklären. Doch lernt man sich erst mal kennen, dann ist das eben wie inne Kneipe, den einen magst du, der andere ist ein Arsch. Egal, von wo er wechkommt.

Ich weiß nur, wenn du im Ruhrgebiet klarkommst, dann hast du auf der ganzen Welt keine Probleme. Dieses gute Gefühl und die Lockerheit habe ich, weil ich Duisburg und Pott gelernt habe.

Wir haben Humor, Menschen in Hülle und Fülle, die lustig sind. Oder die vielleicht auch gerade durch das, was sie erlebt haben, lustig geworden sind.

Mein Humor ist so, wie er ist, weil ich aus dem Ruhrgebiet komme. Und das gilt doch auch für meine lieben Kollegen, die zu Recht überall beliebt sind: Jochen Malmsheimer, Torsten Sträter, Gerburg Jahnke, Frank Goosen, die leider verstorbenen Dr. Ludger Stratmann und Diether Krebs sowie Hape Kerkeling, Helge Schneider, Wolfgang Trepper, Kai Magnus Sting oder Herbert Knebel und sein Affentheater. Und dabei habe ich noch viele hier nicht erwähnt. Sorry dafür.

Unser aller Humor stiftet Identität im Pott. Und so haben wir uns hier eingenistet: als komischer Kauz, verrücktes Huhn und bunter Vogel.

Das Ruhrgebiet hat sich verändert. Wo früher die hässlichsten Ecken waren, die schlimmsten Schuppen, ist es heute hell, kultig, und die sanierten Wohnungen kosten richtig viel.

Industrieanlagen wurden nicht abgerissen, sondern in originelle Industriedenkmäler umgestaltet, in denen jetzt Künstler arbeiten.

Von der Maloche zur Kultur, es ist auch ein Sinneswandel.

Es gibt diesen Typ nicht mehr, dem du einfach ansiehst, wo er gearbeitet hat, der dreckig und verschwitzt nach Hause kommt. Selbst unsere Fußballer machen das nicht mehr. Hehe.

Es gibt diese Typen nicht mehr, aber ich kenne sie noch aus meiner Jugend. Wir haben unser graues Image aufgehellt.

Hier kannst du überall richtig was erleben.

Ich wünsche mir, dass ihr das Ruhrgebiet genau so lieben könnt, wie ich es tue.

DANKE, NE!

An euch da draußen. Fans, Leserinnen und Leser und die Pottler, die auch dafür sorgen, dass ich immer ein neues Programm schreiben kann. Wenn auch manchmal unfreiwillig 😀. Ihr seid die Besten. Für dieses Buch. Und auch sonst.

Besonderen Dank an Jacky Wiss, Isabella Kortz, Tina van den Berg, Steffi Sauer, Nicole Wiss, Patrick Olbrich, Arndt Klingenburg und natürlich an meine Familie Doris, Peter, Michael, Christian »Chrille« Krebs und alle anderen, die uns zu dieser tollen Familie machen.

Ich beim Schlagzeug spielen mit der Nichte meiner Freundin.
© Archiv Markus Krebs

KAPITEL 16:

Gedicht für den 18.11.2021

Denk ich nach, so hier im Kopp,
hatt ich schon so manchen Job.
’ne Zeit lang fuhr ich, glaub es mir,
nee Vadder fuhr – und ich saß hier.* (*Müsste man sehen 😃)
Mit ’nem Bus, ob se wollten oder nicht,
Kinder früh zum Unterricht.
Und da lacht man sich fast schlapp,
wir holten sie auch wieder ab.
Eines Tages, ich saß im Bus,
dachte ich, jetzt machze Schluss,
mit Stand-up-Comedy.
Dachte, damit verdienst du nie,
es macht dir zwar so richtig Spaß,
mein Konto blieb derweilen blass.
Ich fuhr zu Mixed-Shows –
schwarz gefahren,
Und das mit fast schon 40 Jahren.
Die letzte Show, die war in Essen.
Im Panoptikum – unvergessen.
Man sitzt ja noch ganz gern am Tresen,

ich stand auf, das war's gewesen.
Ich blickte noch mal in die Rund,
das war's von mir und bleibt gesund.
Hätte damals nicht gedacht,
wie oft man so was heute sacht.
Also Busfahren, es war Montag,
heute ist er klar mein Schontag.
Nach meiner beruflichen Wende
ist Montag heut mein Wochenende.
Doch früher lief es ganz nach Plan,
fing montags halt die Woche an.
Ich merkte im Bereich der Nieren
so ein zärtliches Vibrieren.
Ich sagte zu mir sofort Nein,
ein Taser konnte das nicht sein.
So kam es, dass ich zu mir sprach,
meine Fresse, guck halt nach.
Ich zog was raus und war entzückt,
mein Handy, Nummer unterdrückt.
Wenn ich nicht seh, wer ruft mich an,
geh ich da auch niemals ran.
Doch diesmal sagte ich: Na, und!,
und fühlte, dat hat seinen Grund.
Ich sagte Krebs, das machte Sinn,
hallo, die Firma Constantin.
Haben se kurz Zeit, geht ganz schnell.
Wir produzieren jetzt für RTL
im Herbst den *Comedy Grand Prix*,
Wäre das mal was für Sie?
Ich antwortete, äh – na ja.

Wat sachten sie, wer ist da.
Constantin, sie werden uns kennen.
Könnt Ihn' so viel Filme nennen.
Was haben wir nicht all gedreht.
Dafür sind Sie jetzt zu spät.
Doch jetzt haben Sie die Riesenchance,
Zeigen Sie uns doch mal, wat kannze.
Ok, da müssen Se aber auch wat latzen
und brauch noch einen für die Katzen.
Natürlich kommen wir Ihnen entgegen,
da gibbet nix zu überlegen.
Unkostenbeitrag und das Hotel mal buchen,
Für die Tiger müssen Sie selbst ein suchen.
Bin dabei, hör ich mich bellen,
wo muss ich hin? Wo muss ich schellen?
Wunderbar, Sie sind bereit,
in Bremen gibt's 'nen Vorausscheid.
Wenn Sie da dann weiterkommen,
Sind Sie für Köln angenommen.
Wir müssen sehen, haben sie den Drive,
denn die Show, die ist ja live.
Jo, ich im Fernsehen, lange her.
Ich glaub, seid XY nicht mehr.
Ich legte auf und guckte starr,
dat war nicht echt, das war mir klar.
Mein Vadder fragt: »Wer war denn dat?
So 'ne Hotline oder wat?«
»100-pro!«, hab ich gesacht,
doch für 'ne Verarsche gut gemacht.
Ehrlich, Frauen ausgenommen,

aber wie sind die auf mich gekommen?
Nicht mehr drüber nachgedacht,
hab mir dann ’nen Toast gemacht.
Tage später kam ein Schreiben,
ich musste mir die Augen reiben.
Ich dachte doch, dat wäre Betrug.
Sogar ’ne Karte für den Zug.
Die wollen schau’n, was ich so kann,
und klapps nich, schau ich Bremen an.
Monique, mein erstes Management,
hat ab da an nicht gepennt.
Mit Constantin alles geklärt.
Jetzt ging es nur darum, wer fährt.
Also auf nach Bremen mit Monique,
der erste Schritt zum Auswärtssieg.
Gefahren ist ihr Freund, der Lars,
der kannte Fernsehen, Star Search wars.
Der gab mir nur den einen Rat,
bleib du selbst, dann wird dat wat.
Ankunft im Theater Bremen,
ich geh mal auf Toilette eben.
Seid dem Telefonat, das erste Mal –
flaues Gefühl, es wurd real.
Aber schnell zusammgerissen,
ging ich nach entspanntem … – Waschen
zum – was trinkt man noch in Bremen gleich?
Ah ja, da hing ein Schild – »Backstage-Bereich«.
»Willkommen« stand dort – groß geschrieben,
will sich jemand hier verlieben?
Man liest ja viel, man weiß ja nie –

nein – zum Comedy Grand Prix.
Vor diesem Schilde, ja da stand –
ich hatte se nicht gleich erkannt.
Überlegte – wo steckse die hin?
Da ein Bauch, der andre dünn.
Da standen se im vollen Glanz,
nein, nicht Calmund und der Lanz.
Cindy und Kaya Yanar,
nur der Doktor war nicht da.
Das ist noch keine Spoilerei,
in Köln war Eckard dann dabei.
Im Backstage hieß es lange warten,
hier stand kein Kicker, ich konnt' nicht darten.
Aber man hat viel gequasselt,
wer hats geschafft , wer hats vermasselt.
Interviews, Statements und dergleichen
waren zeitlich einzureichen.
Bitzgen O-Ton, Fotos machen,
ihr kennt ja alle solche Sachen.
Nur 6 Stündchen später war ich dran,
zog Brille und auch Mütze an.
Man stellte mich in einen Raum,
so niedlich, es war wie im Traum.
Nicht ganz 1 Meter im Quadrat,
was man ja ganz gerne hat.
Flucht zurück wäre zu spät,
weil verschlossen, also nicht geht.
Andre Türe, die würd' gehen,
man würd' halt auf der Bühne steh'n.
Geschickt gemacht. Auf jeden Fall.

Ich wartete auf mein Signal.
Nichts zu trinken, nichts zu essen
und scheinbar hatte man mich vergessen.
Da öffnete sich die Tür ein Stück,
ich ging raus – konnt ja nicht zurück.
Setzte mich auf meinen Hocker,
dachte nur: Markus bleib locker.
Obwohl die Knie etwas weich,
macht's das Publikum mir leicht.
Lachten sich die Buchse nass,
ja, ich glaub, die hatten Spaß.
Cindy, also aus Marzahn,
und Kaya hörten alles an.
Ich war fertig – konnt nur hoffen,
ging zurück, die Tür war offen.
Und da war's , ich hab's vermisst.
Das Warten – bis entschieden ist.
Wer darf mit in das Finale,
Stille war im ganzen Saale.
Ich wurde geholt von netten Leuten
auf Bretter, die die Welt bedeuten.
Das Bewertungsteam überlegte arg,
oder Jury, wie der Russe sagt.
Dann kam ihr Urteil auf die Fresse,
unten stand bereits die Presse.
Wat soll'n wa hier noch diskutieren:
Du bist dabei, wir gratulieren.
Ziemlich geil, wie ich find,
gibt Nachrichten, die echt schlechter sind.
Cindy setzte noch einen drauf:

»Du trittst heut Abend noch mal auf!
In meiner Live-Show als Support,
im Pier 2 – das ist ein Wort.«
Das war so geil – das war toll,
gut, heute mach's ich selber voll.
Aber ich schwöre Stein und Bein,
Ilka, ich wird' dir ewig dankbar sein.
Auch Dir Kaya, und das ist schön,
Wie wir uns freu'n, wenn wir uns sehen.
Mit Kaya war 'ne Frau vor Ort,
die fuhr ihm nach dem Auftritt fort.
War ganz locker, aber busy,
ich dachte damals nur: »Wer is' sie?
Damals hätt' ich nicht gedacht,
wie reicher sie mein Leben macht.
Geht nicht um Kohle, nicht um Geld,
obwohl mir das ganz gut gefällt.
Ich geh jetzt gerne mal zur Bank,
und hör nicht dieses Geräusch* … (Müsste man sehen 😀)
Gott sei Dank.
Wie wichtig für mich Steffi ist,
kommt, ich weiß, ihr habt's vermisst,
erst nach ein paar Werbeclips,
holt euch Bier, holt euch Chips.
Der 2. Teil wird so beginnen,
ich muss ja erst den Preis gewinnen.

Dann kam 'ne Pause.

So, jeder hat ein frisches Bier?

Wo war ich stehen geblieben – ah, ja hier*. (Müsste man sehen 😀)
So Finaltag, der war angesagt,
die Tage vorher abgehakt.
Proben, proben nix als proben,
sogar proben wurde verschoben.
Der gleiche Satz im Ohre klang:
»Markus, du bist viel zu lang!«
1,79 – was ist los?
Wat haben die *da oben* bloß? (= Regie)
Setzten mich an mein Programm,
bis ich so viel Gags rausnahm.
Und dann auf 5 Minuten war,
es wurden 7, das ist klar. (Inne Show.)
Es ist live, wat woll'n se machen,
ich hab Spaß, die Menschen lachen.
Win-win und ich will's genießen,
soll'n mich vonne Bühne schießen.
Aber, und ich meins im Guten,
ich dachte, es sind 5 Minuten.
Hab gehört, da lief 'ne Uhr,
ich seh bis Reihe 3 doch nur.
Schweißerbrille vor de Klüsen,
ich konnt noch nicht mal jemand grüßen.
Aber ich bin schon viel zu weit,
Finaltag kam, ich war bereit.
Die Kandidaten – ein Verein,
wir waren froh, dabei zu sein.
Wir wussten, worum es ging,
jeder machte so sein Ding.

Die Stimmung, die war grandios,
im Bus ging schon das Lachen los.
Jeden Tag fuhr er uns alle,
vom Hotel bis zu der Halle.
Das Hotel, das hieß übrigens *Christall,*
guter Blick in die Zukunft – auf jeden Fall.
Coloneum der Auftrittsort,
diesmal sprach keiner ein Wort.
Nur nebenan in der Garderobe,
hörte ich 'ne Stimmtestprobe.
Ich bemerkte ziemlich schnell,
der Hartwig, ja der Daniel.
Riss seine Tür auf und ging rein,
er sollte mal was ruhiger sein.
Ich ging raus, knallte die Tür.
Er fragte: »Was war das denn hier?«
Die Frage ging zum Manager,
der Daniel heißt, genau wie er.
Er lachte sitzend auf dem Sofa,
so laut wie ein Zündapp-Mofa.
Was war das für ein Idiot?
Der Manager lachte sich halb tot.
Ich lachte auch und deshalb musste
ich wieder *rein*, was er nicht wusste, (= in seine Garderobe)
den Manager kenn ich seit Jahren,
weil wir auf einer Schule waren.
Er schaute völlig perplex,
ich sach: »Alles jut – nu lern den Text.«
Jetzt ging es los – die große Show,
jeder noch ma kurz aufs Klo.

Einer nach dem anderen war dran,
glaube Alain Frey fing an.
Wo war ich noch aufgestellt?
Ich glaube, so im Mittelfeld.
Die Wand war zu und ich stand da,
sie ging auf und mir war klar.
Geh da raus – werde der Winner,
Blödsinn labern konntst du immer. (gesprochen besser)
Das habe ich dann so gemacht,
habe selber mitgelacht.
Dr. Hirschhausen hats auch gefallen,
das Lachen hör ich heut noch schallen.
Jetzt gab es nur noch eine Hürde,
ob angerufen für mich würde.
Kurz vor Schluss das Resultat,
alle 8 standen parat.
Hartwig nahm das Mikrofon,
jetzt traf er plötzlich jeden Ton.
Einer nach dem anderen ging raus,
für jeden gab's zurecht Applaus.
Jetzt waren es dann nur noch drei,
Tahnee, Freddy und ich dabei.
Freddy musste als Erstes gehen,
doch dass wir uns noch sehr oft sehen,
das stand bereits schon damals fest,
weil man gute Freunde nicht gehen lässt.
Mit Gesa, die auch im Finale stand,
hält bis heut das Freundschaftsband.
Wir sind die vier geilen drei,
sie ist heut leider nicht dabei. (Schade, sehen uns in Hamburg)

Sie dachte, nee, nee, nee, min Jung,
ich erhöh mal die Bevölkerung.
Inzwischen hat sie der Kinder zwei,
ich weiß, du wärst hier gern dabei. (18.11.21)
Aber eine Sache, das ist Fakt,
die vier geilen drei bleiben in Kontakt.
So, jetzt stand da nur ein Duo,
guckten – und was machst du so.
Man Hartwig , sachet schon,
ich muss ganz dringend aufn Thron.
Der Sieger ist – dann kamen 2 Wörter,
ganz kurz, dass ich euch das erörter.
Tahnee, ein Wort – es steht allein,
dann musste ich der Sieger sein.
Wir drückten uns und das war ehrlich,
danach wurde es gefährlich.
Lametta fiel uns aufn Kopp,
und dann kam der ganze Mob.
Sprangen auf mich, Tränen flossen,
als hätte ich ein Tor geschossen.
Danach noch Fotos mit der Presse,
Blitzlicht auf meine dumme Fresse.
Ich hielt den Pokal mit einer Hand,
direkt zur Fotografen-Wand.
Kaya stand fragend neben mir:
»Ey, was stimmt denn nicht mit dir?«
Ich glaub, das war Adrenalin,
heute krieg ich das nicht mehr hin.
Aftershow-Party – ein zähes Ringen,
wie viele kann ich da mitbringen?

Zwei Personen, aber nicht mehr,
doch dann, dann kamen die Duisburger.
Wie Schädlinge der schlimmsten Sorte,
überfielen wir auch Cindys Torte.
Seitdem an weiß die ganze Stadt,
wann Ilka halt Geburtstag hat.
Happy Birthday nach Marzahn,
die Party, die fing grad erst an.
Gefeiert, getrunken, müde Glieder,
ich dachte, so was kommt nie wieder.
Nur eine Frau, die sah das anders –
sie gab die Richtung vor, du wanderst.
Von Ort zu Ort – von Gig zu Gig,
egal, wo ich dich so hinschick.
Das hat alles einen Sinn,
Mütze, Brille – fahr da hin.
Zum Anfang musst ich ihr vertrauen,
und es hat alles hingehauen.
Was als Business angefangen,
ist in Freundschaft übergangen.
Stefanie Diana Sauer,
mich durchfließt der schönste Schauer.
Denn alle wissen, wenn sie uns sehen,
wir werden immer zueinander stehen.
Du zeigtest mir 'nen Weg,
immer gerade, niemals schräg.
Beruflich oder privat,
schöne Zeiten oder hart.
Wir suchten nie nach einem Stift
für irgendeine Unterschrift.

Nur die Hand, nur das Vertrauen,
darauf kann ich ewig bauen.
Nur die Hand – dann Rücken an Rücken,
aber ich glaub, heut würden wa uns drücken.
1000 Dank für alles.

Bevor ich hier noch weiter schwitz,
kommt natürlich noch ein Witz.
Manch einer sagt, dat hätt ich drauf,
jetzt kommt einer – pass auf.
Ein Typ ging in eine Bar,
weil da wohl noch Licht an war.
Wir hatten ja schon zwei Uhr vier,
er bestellte sich ein Bier.
Trank ’nen Schluck und schaute dämlich –
es irritierte etwas nämlich.
Ein Glas – groß wie ein 5-Liter-Fass,
er fragte den Wirt: »Was ist denn das?«
Warum fragt er das, könnte man meinen,
das Glas war voll mit braunen Scheinen.
Nur 50er in rauen Mengen,
die sich dort im Glase drängen.
Wie viele es waren, schwer zu bestimmen,
der Wirt ging hin, man kann’s gewinnen.
Mit 50 Euro bist du dabei,
und dann kommen der Aufgaben drei.
Für dich, aber schau her,
viele haben’s versucht, wohl schwer –
Die Prüfungen zu bestehen,
schmeiß 50 rein, wir werden’s sehen.

Eines sei dir noch gesagt,
es ist kein Feigling, wer's nicht wagt.
Entspann dich und genieß es hier,
ich spendier dir noch ein Bier.
Der Typ beginnt aufs Glas zu stiern,
man hört das Rattern im Gehirn.
Das Geld könnt' er ja gut gebrauchen,
ging er erst mal eine rauchen.
Meine Fresse wie gemein,
nahm nen Fuffi, schmiss ihn rein,
dreht zum Wirt, sagt Arsch geleckt,
will wissen, was dahintersteckt.
Die Aufgaben werd ich dir sagen,
Konsequenzen musst du selber tragen.
Hier die erste, hör gut zu:
Diese Flasche leer im Nu.
In einem Zug, ich weiß, ist bitter,
Tequila, aber nur ein Liter.
Von Hause aus ist das nicht ohne,
also ohne Salz oder Zitrone.
Dann gehst du hier die Treppe runter.
Hinter der Tür, da liegt ganz munter
mein Kampfhund, dem der Zahn schwer
eitert.
Zieh ihn raus und es geht weiter.
Da drüben im Heu knapp unterm Dache,
liegt 'ne Oma ziemlich flache.
Vom Alter her, ich sach mal so,
ihr Vater war Zenturio.
Also Prüfung Nummer drei:

Sie war beim Sex noch nie dabei.
Du musst, und das ist wichtig,
ihr's besorgen, und zwar richtig.
Kommst du dann durch diese Tür,
gehört der Glases Inhalt dir.
Kurz wurde es so richtig stille,
Doch dann gewann sein großer Wille.
Den Tequila einfach angesetzt,
Speiseröhre durchgeätzt.
Trank er die komplette Pulle,
von 'nem Liter auf die Nulle.
Stellte die Flasche auf den Tresen
und rülpste, als wär' nichts gewesen.
Schaut den Wirt an, schwer betroffen,
lachte dann – bin ich besoffen.
Trank aus Gewohnheit noch 'n Bier,
schaut sich um, was mach ich hier.
Was machte er dort – wo ist der Grund,
ach ja, er muss noch zu dem Hund.
Treppe runter, Türe auf,
dann nahm das Schicksal seinen Lauf.
Lautes Schrein, wildes Gemenge,
der Wirt denkt sich, jetzt kriegt er Senge.
Klirren, scheppern, ja es scheint,
als wär ein Löwe dort mit angeleint.
Der Wirt sprach zu sich, armes Schwein,
manchmal besser feig zu sein.
Doch dann ist es nun mal so.
Dann wurd's ruhig im Souterrain.
Der Wirt erhob nun seine Brille,

erst Tumult und jetzt die Stille.
Es könnte sein, dass ich mich täusche,
ich hör noch nicht mal Fressgeräusche.
Die Türe knarrte, des Schrittes Klang,
hat Hund des Typens Schuhe an.
Doch Typ stand da im Rest der Kleidung,
so sah ich aus nach meiner Scheidung.
Wirt schaut ihn an, total benommen,
sprach: So weit ist noch keiner hier gekommen.
Schwer der Atem, aber voller Stolz
klopft Typ dreimal aufs Thekenholz.
Ich hab's geschafft, ich hab's getan,
Wo liegt noch mal die Oma mit dem eitrigen Zahn?

Zum Abschluss: Danke, dass ihr hier seid,
10 Jahre sind 'ne lange Zeit.
Hatte viel Hilfe, das war wichtig,
ich ticke ja manchmal nicht richtig.
Meine Eltern wussten genau,
ich bin keine faule Sau.
Aber manchmal machte ich 'ne Pause,
dafür hatte ich das beste Zuhause.
Tu nur dat, wat dir gefällt,
ich hab die besten Eltern dieser Welt.
Ja weil die Welt sich weiterdreht,
hab ich das Wort noch mal gewählt.
Hab auch das beste Team der Welt.
Über Wayters hätt' ich's so bestellt.
Im Hocker, auf Tour – einfach spitze,
Ihr seid der Grund, dass ich hier sitze.

Könnt jetzt hier alle nennen,
doch ich habe Durst und ihr wollt pennen.
Nur eine, die hier vorne steht,
ohne die mal gar nichts geht.
Ist das größte Glück für mich:
Meine Jacky – ich liebe dich.

Beim Karneval auf dem Wagen der Stadtgarde Duisburg –
neben mir die Nichte meiner Freundin. © Archiv Markus Krebs

EXTRA-KAPITEL BZW. ZUGABE:

Das Ruhrgebiet kann Karneval

Jawoll, das können wir. Karneval feiern. Bei uns sagt man zwar Helau und nicht Alaaf, aber wenn was geschmissen wird, ist das auch scheißegal. Stefan Raab hat mal bei der TV Total-Prunksitzung gesagt, bei der ich auch mitmachen durfte, wir wären eine »Karnevalsdiaspora«. Da merkt man, er war scheinbar an den tollen Tagen noch nie im Pott. Unser Karnevalszug dauert auch seine zwei Stunden. Gut, wir haben viele Ampeln. Mir macht es auf jeden Fall eine Menge Spaß, und ich stehe seit einiger Zeit auch oben mit auf dem Wagen. Bin in der Stadtgarde, was gut passt, da es ein Neudorfer Verein ist, der 2011 gegründet wurde, also im Jahr meines Comedy-Grand-Prix-Erfolges. Wenn ich mal nicht weiß, wie ich heiße, dann lerne ich dies während des Karnevalszuges. Höre selten so oft »Markus!«-Rufe.

Ich glaube aber, es waren nicht nur Fans. Ich hatte ja auch was Leckeres, Stofftiere und Mützen mit.

War 'ne gute Bestechung. Ich kenne natürlich viele von denen, die am Seitenrand stehen.

Manche sehe ich tatsächlich, leider, nur an diesem Tag. Christianc und meinen Cousin Thomas zum Beispiel. Das muss sich ändern.

Die letzten Jahre fielen ja leider aus, aber ich hoffe, die nächste Session geht wieder normal über die Bühne.

Im Karneval auf der Bühne zu stehen ist immer ein Glücksspiel. Du kannst das Zelt abreißen, du kannst aber auch auf Leute treffen, die dich nicht mehr verstehen. Ich kenne viele, die diese Auftritte machen. Ausbilder Schmidt, Olli Materlik, Dave Davis, der Sitzungspräsident Volker Weininger, Guido Cantz und natürlich Bernd Stelter, um nur einige zu nennen. Und wir wissen alle: Das, was wir bei Karnevalsauftritten schon mitgemacht haben, wäre mindestens ein neues Programm. Und es gibt Oskar-Gewinner, die weniger geleistet haben.

Aber lustig war es immer. Ich schreibe »war es immer«, da ich zurzeit nur mit meinem eigenen Programm toure und leider keine Zeit mehr finde, denn es gibt auch sehr viele geile Karnevalsveranstaltungen. Wo ich seit Jahren dabei bin – und ich hoffe, dass ich auch weiterhin eingeladen werde (weiße Bescheid, Stefan) –, ist die TV-Sendung Düsseldorf Helau.

Das macht wirklich richtig Bock, und vor, ich glaube, drei Jahren waren es drei Duisburger, die dort richtig für Stimmung sorgten. Wolfgang Trepper, Bauchredner Klaus Rupprecht mit seinem Affen Willy, und ich war auch dabei. Also so schlecht können wir in Duisburg nicht sein.

Schon in jungen Jahren haben wir es geliebt, Karneval zu feiern. Die Nachbar:innen aus vier Mehrfamilienhäusern trafen sich nach dem Zug zu einer Mitbring-Party in unserem Waschkeller. Der war groß genug, außerdem gab es ja auch die Treppenhäuser, die miteinander verbunden waren. Wir Kinder konnten machen, was wir wollten, und im Waschraum wurde geschunkelt und gesungen. In Köln gibt es einen Waschraum, da wird sogar Comedy gemacht …

Die Züge in Düsseldorf, Mainz und Köln sind vielleicht länger, und es gibt mehr Vereine. Ich habe mich zum Beispiel in einer Facebook-Gruppe auf einem Düsseldorfer Karnevalswagen gesehen, obwohl ich in Duisburg auf dem Wagen stand. Verrückt. Ich glaube, wenn jemand Karneval ein Markus-Krebs-Kostüm anhat, dann kann ich gut damit umgehen. Es ist mir sogar eine Ehre, und man darf mich auf der Bühne auch zitieren. Alles völlig in Ordnung.

An einen Karneval erinnere ich mich sehr, weil da fast Schluss mit lustig war. Anke (meine Ex-Frau) und unsere Freund:innen Sabine, Olli und Uwe machten sich bei uns für den Karnevalszug fertig. Plötzlich ein lauter Schrei aus dem Badezimmer, der bald wieder verstummte. Was war passiert? Unsere Katze Muffy hatte eine Riesen-Idee.

Wir hatten zwei Toilettenfenster, von denen eins komplett offen war und das andere auf Kipp. Sie ging also, in der zweiten Etage, aus dem offenen Fenster aufs Fensterbrett und sprang am Sims vorbei auf das andere Fensterbrett. Dort versuchte sie, durch das gekippte Fenster wieder reinzukommen. Das klappte nicht, und sie blieb mit dem Hals im Fenster hängen.

Während unsere andere Katze Jerry, sie war eine sehr große Katze, versuchte, Muffy mit dem Kopf zurückzuschieben, rannten wir mit fünf Personen ins Badezimmer, mussten erst mal Jerry festhalten, und dann setzte sich Uwe auf das Fensterbrett, beugte sich so weit raus wie möglich, indem Olli seine Beine festhielt, da Uwe sonst nicht um den Sims gekommen wäre. Ich hielt Olli fest, der Uwe nicht lange hätte halten können, und Anke stand in der Badewanne vor Muffy und wartete auf den Wurf. Mit zerkratztem, linkem Arm nahm Uwe Muffy am Hinterteil und schmiss sie im Salto durch den weiter geöffneten Teil des gekippten Fensters. Anke fing Muffy auf, die danach noch drei Stunden zitternd auf ihrem Schoß lag.

Wir sind natürlich nicht mehr Karneval feiern gegangen, der Schock saß noch viel zu tief, aber so ist es eben, wenn Katzen dich bei dir wohnen lassen. Manchmal kannst du auch ihnen helfen.

Miau in Merhoog. © Archiv Markus Krebs